Mahmut Koyun

Zwischen Yezidentum und westlicher Kultur
Vom Flüchtling zum Sozialarbeiter

Mahmut Koyun

Zwischen Yezidentum und westlicher Kultur

Vom Flüchtling zum Sozialarbeiter

Rediroma-Verlag

Bibliografische Information der Deutschen Nationalbibliothek:
Die Deutsche Nationalbibliothek verzeichnet diese Publikation in der Deutschen Nationalbibliografie; detaillierte bibliografische Daten sind im Internet über http://portal.dnb.de abrufbar.

ISBN 978-3-98527-455-0

www.rediroma-verlag.de
8,95 Euro (D)

Das Buch widme ich meiner tollen Ehefrau, meine beste Freundin des Lebens

Inhaltsverzeichnis

Das Leben in meinem Heimatdorf Kiwex

Der Frühling in meinem Heimatdorf Kiwex in Kurdistan war immer besonders schön. Die Tulpen, Schneeglöckchen und Narzissen blühten prächtig und es duftete sehr angenehm. Wir freuten uns besonders auf einige Wildkräuter und Blüten, die essbar waren. Leider kenne ich ihre deutschen Namen nicht; auf Kurdisch heißen sie Shinerek, Bilbizerk und Gizer, aber sie schmeckten richtig gut. Im Alltag der Familie hatte jede Person eine Aufgabe, so wie es in ländlichen Gebieten üblich ist. Als Kind brachte ich die Herde von Zicklein auf die Weiden und hütete sie. Im Frühling waren wir viel in der Natur und es war einfach herrlich.

In unserem Dorf gab es zwei Felder mit Mandelbäumen, die im Frühling leuchtend weiß blühten. Sie waren schon von weitem zu sehen und boten einen wunderschönen ersten Eindruck von unserem Dorf.

Meine Kindheit verbrachte ich in meinem Heimatdorf im Südosten der Türkei. Ich genoss das Leben mit allen fünf Sinnen, eine Kindheit in der Natur und in der Dorfgemeinschaft, die sich aus naher und ferner Verwandtschaft zusammensetzte.

Es war ein kalter und sehr windiger Tag. Ich spielte draußen mit meinen Freunden aus der

Nachbarschaft. Da kamen wir auf die Idee, ein Feuer zu machen. Wir zündeten ein Lagerfeuer an und versammelten uns darum. Dabei bekam ich plötzlich einige Funken ab. Weil meine Kleider synthetisch waren, breitete sich das Feuer sehr schnell aus.

Ich kann mich erinnern, dass meine Mama an jenem Tag nicht da war. Sie arbeitete als Hausmutter auf den Feldern. Auch Vater war unterwegs. Mein Freund, der heute nicht mehr am Leben ist, brachte mich zu seiner Mutter, die im Hof arbeitete und gerade die Wäsche wusch. Als sie sah, dass ich in Flammen stand, überschüttete sie mich mit dem Waschwasser und löschte das Feuer.

Weil ich eine schwere Verbrennung erlitten hatte, lag ich danach zur Behandlung ein halbes Jahr lang im Kreisstadtkrankenhaus. Die ganze Zeit über pflegte mich meine Oma, der ich in meinem ganzen Leben immer dankbar sein werde.

Auf dem Dorf war es damals so, dass sogar Kinder in der Familie mithelfen mussten. Jeder hatte eine Aufgabe, und es war alles im Familienalltag mit eingeplant. Unsere freie Zeit verbrachten wir dann mit unseren Freunden und spielten mit ihnen oft lange draußen in der Natur.

Eine Sitte fand ich sehr schön, und sie wird mir immer in Erinnerung bleiben. Das war die sogenannten „Ciwat“ (kurd.) in den Familien, die Geselligkeit in der Dorfgemeinschaft. Wir besuchten uns abends gegenseitig, und dabei wurden lange Geschichten und Märchen erzählt. Wenn Besucher kamen, wurde gemeinsam gegessen und getrunken. Es war einfach schön. Für mich war es eine große Freude, die Gäste zu bedienen und für sie Tee zu kochen. Ihr Verhalten und die Art und Weise, wie sie redeten, bildete für uns Kinder eine Plattform, um unser Sozialverhalten zu prägen. Die Älteren waren für uns die Richtschnur, ein Regelsystem, an dem wir uns orientierten.

Eine von uns sehr geschätzte Person, die uns Kindern Disziplin und Anstand vermittelte, war Onkel Xeloye Zede. Vor ihm hatten wir, so erinnere ich mich, großen Respekt und Hochachtung. Er konnte mit jedem in den Dialog treten und auf diese Weise Konflikte regeln, Gewalt lehnte er ab.

Konflikte und Problemlagen wurden durch den Dorfrat der Ältesten, die sogenannten Weisen Männer, vermittelt und gelöst. Die Dorfältesten hatten in der Dorfgemeinschaft eine ähnliche Funktion wie ein Sozialarbeiter. Zu ihnen gehörten Xeloye Zede, Hisaye Meto (Dorfvorsteher), Heseye Cahwer, Ezdine Atmen, Maxsowe Atmen, Rafo ye Cindo, Ibrahime Qaraca und Usife Hiseyn. Das Auftreten dieser Persönlichkeiten ist in meinen früheren Erinnerungen fest verankert. Ich habe sie mir deswegen in Erinnerung gerufen, weil sie die soziale Dorfstruktur in der Dorfgemeinschaft beeinflussten und lenkten. Sie schlichteten bei Streitigkeiten und lösten Probleme zwischen den Dorfbewohnern. Auf der Ebene der gesellschaftlichen Ebene legten sie Regeln für das Zusammenleben fest. In der Stammesgesellschaftsordnung hatten sie die Führungsrolle ihrer „Bawiks“ (Familienstamm) inne.

Wenn ich mich an diese Persönlichkeiten erinnere und ihre Kompetenzen charakterisiere, sieht das wie folgt aus:

Die Stärke und Kompetenz von Mam Hisa lag in der Allgemeinbildung und politischen Rhetorik. Ich erinnere mich, dass er türkische Zeitungen las und seine Familie als einzige im Dorf einen Schwarzweißfernseher besaß. Wir gingen als Kinder zu seiner Familie und sahen manchen Abend dort fern. Er maß der Bildung einen hohen Wert bei. Damals war gerade der Irak-Iran-Krieg ausgebrochen, und wir verfolgten die Kriegsbilder an seinem Fernseher.

In dieser Reihe der Weisen Männer galt mein Opa Hesse als besonders besonnen und wurde mit seinen gut durchdachten Ratschlägen und Kompetenzen konsultiert, wenn eine Konfliktlösungsstrategie gebraucht wurde. Wegen seiner Denkweise wurde er als Denker und Ratgeber bezeichnet.

Mam Refo galt auf Grund seiner Rede- und Denkweise als guter Redner und Rhetoriker, der quasi politischen Einfluss auf die Mehrheiten auf dem Dorf ausüben konnte.

In meiner Erinnerung sind noch mein Vater Halef und Onkel Nezir besonders präsent, die sozusagen als die Repräsentanten von Sicherheit und Schutz der Dorfgemeinschaft galten. Sie traten mit vollem Engagement für das Dorf und die Dorfgemeinschaft ein und leisteten mit ihrem Engagement einen wesentlichen Beitrag zu einem gerechten und gleichberechtigten Miteinander in der Dorfgemeinschaft. Sie waren stehts bemüht, die Dorfbewohner vor Gefahren von außen zu beschützen.

Nun möchte ich als Nächstes einen Vorfall schildern, der sich in meiner Kindheit in dem Dorf ereignete und an den ich mich noch gut erinnern kann.

Überfall der Muslime aus dem Nachbardorf

Es war etwa im Jahr 1978, soweit ich mich erinnere, in der Nacht gegen 23.00 Uhr. Wir schliefen fest. Plötzlich ertönten von draußen Hilferufe. Meine Eltern standen auf und gingen nach draußen. Es war unsere Nachbarin, die geschockt und sehr verängstigt um Hilfe bat. Eine Gruppe von Männern hatte sie überfallen und ihr Vieh geraubt. Sie bat dringend um Hilfe und Schutz. Mein Vater begab sich auf die Suche nach den Männern, und schließlich wachten auch die anderen Dorfbewohner auf und eilten zu Hilfe. Im Dorf entstand eine große Unruhe. Kinder, Frauen und Männer, alle rannten hinter ihnen her. Wir versammelten uns auf der Dorfburg (Keleh) und beobachteten das Geschehen.

Wir hörten lautes Knallen von einer Schießerei. Am Himmel leuchteten bunte Farben, die durch die Schießereien entstanden. Wir Kinder fanden das sehr interessant und bezaubernd, fast wie ein Feuerwerk. Wir fragten uns, wie so etwas entstehen konnte, bekamen aber keine Antwort darauf. Zugleich war es aber auch wie ein Krieg. Wir hatten Angst, dass uns etwas passierte. Später erfuhren wir von anderen Dorfbewohnern, dass es während der Schießereien tatsächlich Tote gegeben hatte.

Das Vieh der Nachbarn konnten die Männer retten und zurückholen. Die Nachbarin beruhigte sich allmählich wieder.

Ein Spiel aus meiner Kindheit

Mit meinen Freunden spielte ich gerne ein Spiel, das mir besonderen Spaß machte. Dabei bildeten wir zwei Gruppen. Die eine Gruppe vertrat die Befreiung der kurdischen Bewegung und die andere stellte das Vorgehen der türkischen Einheiten gegen Kurden dar. Ich gehörte der Widerstandsbewegung an, und wir spielten des Öfteren die Szenen des kurdischen Widerstandes und der türkischen Armee im Kampf nach. Wir machten uns Waffen aus Stöcken und bekriegten uns gegenseitig.

Die realen Kriegsszenen zwischen den kurdischen Einheiten und dem türkischen Militär bekamen wir zwar nicht direkt mit, aber vom Hörensagen wussten wir, dass zwischen beiden Seiten Krieg herrschte. Genaueres über die politischen Geschehnisse in Kurdistan wussten wir nicht. Mit diesem Spiel bei meinen Freunden und bei mir war ein wenig Bewusstsein für die kurdische Identität entstanden.

Blitz und Donner

Es war Frühling. Es hatte sehr stark geregnet, und Flüsse und Seen liefen über. Das Vieh konnte nicht in den Wäldern weiden.

An dem Tag, als es passierte, war ich mit meinem älteren Bruder zusammen. Wir brachten unser Vieh in den Wald zum Weiden. Am Himmel bildeten sich dicke schwarze Wolken und es regnete sehr stark. Es blitzte und donnerte, und ich bekam Angst. Wir verschanzten uns mit dem Vieh in einer Höhle hinter dem Dorf. Einer unserer Onkel war mit seinem Vieh ganz in unserer Nähe. Plötzlich blitzte es hell, und ein Strahl schlug vor uns auf den Boden bis in die Höhle hinein. Ich wurde ohnmächtig. Mein Bruder brachte mich nach Hause und einige Stunden später kam ich wieder zu mir.

Mein Bruder erzählte später, ich sei wohl von dem Blitz getroffen worden. Fünf unserer Lämmer und Ziegen waren durch den Blitzschlag gestorben.

Der Integrationsprozess in Bielefeld

In den Anfängen der 90er Jahre waren wir stark darauf bedacht, unsere kulturellen Traditionen gegen alle Einflüsse von außen zu wahren. Wir wurden von Eltern, Verwandten, religiösen Verantwortlichen und später von den Vereinen in ein enges yezidisches kulturelles Raster eingefügt. Uns wurde täglich vermittelt, wie wichtig es sei, unsere Religion und Kultur zu wahren und zu pflegen. Damals wurde gemeinsam versucht, eine Schutzmauer gegen jegliche kulturellen Einflüsse und den Assimilationsdruck seitens der Aufnahmegesellschaft aufzubauen.

Unsere Eltern gaben uns Regeln und Handlungsmuster für unser Leben und Zusammenleben in der Aufnahmegesellschaft vor und zeigten uns, wie wir uns in der deutschen Gesellschaft verhalten sollten. Die Angst, die eigenen kulturellen und religiösen Werte zu verlieren bzw. sich ihnen zu entfremden, war bei ihnen sehr stark ausgeprägt. Die Jugendlichen aus meiner Generation wurden in die Rolle hineingezogen, die eigene Kultur und Sprache und Religion zu bewahren und weiterzuentwickeln. Als neue Generation und Nachfahrergeneration wurden wir immer mehr in die Pflicht genommen, Verantwortung für die Familie, Gesellschaft und das traditionelle Wertesystem zu übernehmen, um diese vor dem Aussterben zu bewahren.

Im Alltag wurde ein soziales Kontrollsystem aufgebaut, um sich gegenseitig zu überwachen und die Existenz der Gemeinschaft zu sichern. Es galt, strikt die heimatlichen Traditionen und religiösen Vorschriften zu befolgen.

Die Angst und Hemmungen, die unsere Eltern bei uns aufbauten, um zu verhindern, dass wir uns für die Mehrheitsgesellschaft öffneten und uns mit ihr identifizierten, waren ständig präsent. Im Umgang mit unseren deutschen Freunden und Mitbürgern waren wir unsicher und standen ihnen distanziert entgegen. Es wurden Hürden aufgebaut, die wir im Zusammenleben und beim Heranwachsen in einer neuen und fremden Gesellschaft nicht überschreiten sollen.

Die Kinder sollten nach dem Verständnis der Eltern ein Leben nach yezidischen Sitten und Bräuchen führen, wie sie es aus der Heimat kannten. Diese sollen nicht von den hiesigen Werten und Normen assimiliert werden. Diese starre und konservative Haltung führte bei den Jugendlichen zu Konflikten. Auch ich wurde über einen langen Zeitraum mit diesen Konflikten konfrontiert, sowohl persönlich als auch beruflich.

In der neuen Gesellschaft, mit einem neuen Wertesystem und einer anderen gesellschaftlichen

Ordnung, wurden Yeziden gewollt oder ungewollt sozialisiert. Die jungen Yeziden suchen einen Weg, um in der Aufnahmegesellschaft zu überleben. Über das Bildungssystem oder auch schon in der Kita werden sie mit deutschen kulturellen Werten und Normen konfrontiert und davon beeinflusst.

Die kulturelle Vielfalt in einer so pluralistischen Zusammensetzung bietet den Menschen, insbesondere den jungen Menschen, vielfältige und bereichernde Lebensmuster und Konzepte. Das demokratische und liberalistische Gesellschaftssystem bietet ihnen die Möglichkeit, sich selbst zu verwirklichen und zu finden. Neben den yezidischen Lebensmustern und kulturellen Werten lernen yezidische junge Menschen auch andere, moderne Lebenswelten kennen. In der Schule mussten wir hart arbeiten, um mitzukommen und unsere Defizite auszugleichen. Nebenher konfrontierten unsere Eltern uns in der Traditionsbildung mit den herkunftskulturellen yezidischen Werten.

Dadurch werden yezidische Jugendliche unter enormen Druck gesetzt und stehen zwischen den beiden Kultursystemen. Einerseits streben sie nach Freiheit und Selbstverwirklichung und andererseits sollen sie die heimatlichen Traditionen bewahren und ausleben.

Integration und Identitätsbildungsprozess

In meiner Heimat wurden wir vom Elternhaus nicht über den Ursprung unserer Religion und unser Herkunftsgeschichte aufgeklärt. In der Schule wurden wir von der türkischen Geschichte und dem Nationalismus assimiliert.

Zu Hause lernten wir aber zum Glück unsere Muttersprache, kurdisch. Dank meiner kurdischen Sprachkenntnisse bekam ich die Möglichkeit, Bücher und Zeitungen auf Kurdisch zu lesen, um mich über meine Geschichte, Religion und Kultur zu informieren. In Deutschland traf ich zum ersten Mal auf Fachbücher über yezidische Religion, kurdische Geschichte und Sprache, mit deren Hilfe ich deren wahren Ursprünge erkunden konnte.

In meiner Jugend kam ich mit kurdischen Vereinen in Bielefeld und außerhalb von OWL in Kontakt. Über diese Begegnung kam ich direkt mit Fragen der kurdischen Identität und der yezidischen Religion in Berührung. Die kurdischen Befreiungsbestrebungen haben in der kurdischen Gesellschaft, auch im Exil, ein Identitätsbewusstsein bei den Kurden geschaffen. Es sind Diskussionen über den Ursprung der Kurden und die kulturelle Identität in der kurdischen Community entstanden, die auch bei den Yeziden Spuren hinterlassen haben. Die Yeziden haben im Exil aus meiner Sicht die erste Möglichkeit bekommen, sich in Deutschland und anderen europäischen Ländern fundiertes Wissen und Erkenntnisse anzueignen. Das Interesse am Selbststudium der yezidischen Religion und Geschichte hat bei vielen Yeziden zugenommen.

Die Hauptfragen waren dabei folgende: Wer sind Yeziden und auf welchen Ursprung geht das Yezidentum zurück? Diese Fragen bezüglich der yezidischen Religion beschäftigten viele Menschen, auch junge. Sie waren auf der Suche nach Antworten, nach fundiertem Wissen über ihre Ursprünge. Viele Eltern aus der bildungsfernen Schicht konnten ihren Kindern keine fundierten Antworten über ihren religiösen Ursprung liefern.

Die junge Generation, die in Deutschland viele Möglichkeiten des Selbststudiums über ihre Geschichte und Religion bekommen hat, hat sich auf die Suche nach Antworten auf ihre religiöse und kulturelle Identität begeben. Mittlerweile gibt es neben den Büchern in den deutschen Bibliotheken auch einschlägige Materialien von yezidisch-kurdischen Organisationen und Verlagen, die auf Deutsch geschrieben sind. Mit Hilfe dieser Materialien können die Jugendlichen sich selbst über ihre Geschichte und Religion informieren.

Auch ich war in meiner Jugend sehr interessiert an fundiertem Hintergrundwissen über kurdische

Geschichte, Kultur, Sprache und yezidische Religion. Damals lernte ich einen Priester kennen, der mit mir und einigen anderen Freunden den Ursprung der yezidischen Religion und kurdischen Geschichte studierte. Wir organisierten im Freizeitzentrum Baumheide in Bielefeld einen Religionsunterricht. Als eine kleine Gruppe von fünf yezidischen Jugendlichen bekamen wir damals von dem geschätzten Priester, der sich viel Zeit für uns nahm, Unterricht über die yezidische Religion und Kultur.

Aus unserem Treffen ist eine kleine Forschungsgruppe entstanden. Wir suchten in einigen deutschen Bibliotheken nach Büchern zum Yezidentum und den Kurden. Wir fuhren sogar nach Berlin und recherchierten in einer der größten deutschen Bibliotheken. Wir entdeckten auch dort gute und wichtige Geschichtsbücher über uns. Damals wollte ich so gerne Altiranistik bzw. Orientalistik studieren, aber das war nicht möglich, da ich nur das Fachabitur besaß.

Insbesondere die Fragen nach dem Ursprung der yezidischen Religion beschäftigte und begleitete uns. In den 90er Jahren war in der yezidischen Gesellschaft eine Diskussion darüber ausgebrochen, ob die Yeziden die Nachfahren von Zarathustra sind oder nicht. Mich persönlich fesselte diese Frage und ich suchte fieberhaft nach Antworten.

Wir besuchten auch Museen, etwa das Pergamon in Berlin, Abteilung Orientalistik und Iranistik, um Kenntnisse über die Geschichte des Vorderen Orient zu erwerben.

Um uns fundiertes Wissen über die zarathustrische Lehre anzueignen, suchten wir nach zarathustrischen Vereinen. Ich recherchierte auch nach deutschen Iranistikern, um mich in den Fragen zum Ursprung der yezidischen Religion belehren zu lassen. Dabei lernte ich einen namhaften und sehr kompetenten Iranistiker kennen, der an der Universität Hamburg, Abteilung Iranistik, tätig war. Ich bin ihm sehr dankbar dafür, dass ich mit seiner Hilfe einige wichtige Antworten auf meine Fragen zum Yezidentum und zur zarathustrischen Lehre bekommen habe. Über ihn bin ich an einige wichtige Dokumente über yezidische Religion gekommen.

Ich setzte meine Recherchearbeit über die yezidische Religion und Zarathustra fort und wollte unbedingt mit den Anhängern der zarathustrischen Lehre in Kontakt kommen. Im Internet stieß ich auf einige Vereine von iranischen Zarathustrianern. Wir kamen schließlich mit dem Verein der Zarathustrianer in Hamburg in Kontakt, der mit der Iranistik-Abteilung der Universität Hamburg zusammenarbeitete, dessen Leiter ich gut kannte.

Um uns nach der zarathustrischen Lehre und Philosophie zu erkundigen, besuchten wir deren Vertreter mehrmals in Hamburg und führten lange Gespräche mit ihnen. Sie luden uns auch mehrere Jahre lang zu ihrem Newrozfest und einigen anderen Festen ein. Die Vertreter und Kenner der zarathustrischen Vereine in Hamburg und anderswo vermittelten uns sehr umfassend die Zarathustra-Lehre und beantworteten unsere Fragen erschöpfend. Für ihr Engagement danke ich ihnen sehr.

Über den Leiter und von mir sehr geschätzten Iranistiker der Iranistik-Abteilung in Hamburg bekam ich die Möglichkeit, mit ihm in seiner Studienreisegruppen zweimal mit in den Iran zu reisen. Ich wollte damals gerne die iranische Geschichte und Kulturstätten live erleben. Auf dieser Reise bekam ich umfangreiches lehrreiches Wissen über altiranische Geschichte und die Lehre von Zarathustra. Im Rahmen dieser Reisen besuchten wir die Zarathustrier, deren Gemeinden und einige Feuertempel im Iran. Dabei bekam ich die Chance, mit einem zarathustrischen Priester (Mobed) ins Gespräch zu kommen. Ich führte ein Interview mit ihm über Zarathustra und seine Lehre. Das war für mich ein Highlight meiner Reise.

Ich bin froh darüber und danke allen, die mir es ermöglicht haben, Zeuge von Zarathustras Vermächtnis und der altiranischen Geschichte zu werden. Die beiden Reisen haben auf jeden Fall wesentlich dazu beigetragen, meine Herkunftsfragen zu klären. Durch die Begegnung mit der zarathustrischen Lehre und Philosophie habe ich gelernt, Glaubensfragen, Lebens- und Denkweisen und vor allem kritisches Denken anders aufzufassen und einzuordnen als vorher. Dies hat meine Lebensphilosophie bereichert.

Bei meiner Recherchearbeit über die Lehre von Zarathustra stellte ich fest, dass sie in vieler Hinsicht einen beträchtlichen Einfluss auf die abendländische Philosophie, Kultur und die christliche Theologie ausgeübt hat. Die Griechen und später die Römer standen mit den Persern in engem Kontakt. Die griechischen Philosophen und Schreiber wie Herodot, Xenophon, Strabon usw. lieferten Berichte über die Grundsätze der zarathustrischen Lehre und die kulturellen Verhältnisse der iranischen Völker. Über sie gelangten das Wissen und die Kenntnisse über die altiranische Geschichte, Lehre und Philosophie nach Europa.

Insbesondere haben abendländische Forscher festgestellt, dass der Zoroastrismus, der Mithraismus und der Mazdakismus die europäische Kultur und Philosophie beeinflusst haben.

Kulturelle Konflikte

Lange Zeit sahen die pädagogisch Handelnden im sozialen und im Bildungsbereich die Ursache für die Probleme und Konflikte zwischen der hiesigen Gesellschaft und den MigrantInnen in deren kulturellen Hintergründen. Nach ihrem Verständnis von Migrantenproblemen waren die kulturellen und religiösen Sitten und Bräuche der MigrantInnen dafür verantwortlich, dass die Integration oft scheiterte.

Auf Jugendliche, die den Anschluss an die Bildungsgesellschaft nicht geschafft und ihre schulischen und beruflichen Ziele nicht erreicht haben und die in ihrer patriarchisch und archaischen Lebenswelt und in ihrem enggefassten Tradierungskodex Halt gefunden haben, trifft dies auch zu. Auf Jugendliche jedoch, die ihre Bildungsziele auf Grund von Diskriminierungserfahrungen und eines unreflektierten Umgangs von handelnden Pädagogen mit ihnen verfehlt haben, die alles andere an eine monokulturelle Leitkultur anpassen wollten, trifft es nicht explizit zu. Hier liegen die Ursachen vielmehr in den institutionellen Strukturen der sozialen und Bildungseinrichtungen, die die Migrantenkinder und Jugendlichen auf Grund ihrer ethnisch-kulturellen Herkunft diskriminiert und degradiert haben.

Ich kann mich erinnern, dass die Lehrerinnen in Elterngesprächen sehr oft die Verhaltensprobleme der MigrantenschülerInnen direkt oder indirekt auf die kulturelle Zusammensetzung der Familie oder der Gemeinschaft bezogen. Dies tun sie teilweise heute noch. Die Pädagogen verlagern den Druck, den sie im schulischen und pädagogischen Alltag durch mangelnde Zeitkapazitäten und Unterstützung erfahren, auf die Herkunftskultur und Lebensweise der Migrantenfamilien.

Anhand der Thematisierung und Behandlung einiger kultureller Aspekte werden Kulturalisierung und Zuschreibungsprozesse in der Migrationsgesellschaft hergestellt, wodurch die Migrantenkinder in ihrer herkunftskulturellen Orientierung in gewisser Weise gestärkt werden. Auch werden sie von den Lehrern und Pädagogen leicht in die Rolle von Repräsentanten und Vertretern ihrer Herkunftskultur gedrängt, was wiederum die Gefahr in sich birgt, eine geschlossene und ethnisch zentrierte Haltung einzunehmen. Deutsche Medien und Fachbehörden wiederum, die im Bereich der Jugendkriminalität tätig sind, suchen die Gründe für begangene Straftaten oft in den herkunftskulturellen Kontexten. Die gesellschaftlichen Rahmenbedingungen, wie sozio-kulturelle, politische, wohn- und sozialräumliche Aspekte, werden jedoch bei der Suche und Bewertung der Gründe für das Scheitern einer gelungenen Integration und die Verfehlung der Bildungsziele nicht miteinbezogen.

Wenn Jugendliche zu meiner Zeit ihre persönlichen Probleme, die sich aus ihrer Position zwischen zwei Lebenswelten/Kulturen ergaben, nicht meistern konnten und dies dazu beitrug, dass sie langzeitarbeitslos wurden, lag dies weniger an den kulturellen Hintergründen, sondern vielmehr daran, dass die hiesige Gesellschaft ihnen nicht die nötige und adäquate Unterstützung und berufliche Perspektive bot.

In der yezidischen Gemeinschaft gewinnen die Probleme der Jugendlichen, die ohne Perspektive geblieben sind und kriminelle Erfahrung(en) hinter sich haben, zunehmend an Gewicht. Probleme wie Drogenkonsum, Raubüberfälle, Alkoholismus, Gewalt und psychische Erkrankungen sind typische Probleme yezidisch-kurdischer Jugendlicher.

In der Begegnung oder Zusammenarbeit mit yezidischen Jugendlichen bzw. solchen mit anderem Migrationshintergrund konnte ich feststellen, dass Jugendliche, die in der Mehrheitsgesellschaft negative und diskriminierende Erfahrungen gemacht hatten, eher dazu neigten, sich einer Gruppe anzuschließen, die ähnliche Erfahrungen gemacht hat.

Sie traten gemeinsam auf und erarbeiteten auf selbst initiierten Handlungswegen ihr Prestige.

In Gesprächen mit Migrantenjugendlichen und im beruflichen Alltag habe ich festgestellt, dass viele von ihnen auf Grund ihrer kulturellen Herkunft und ihres Migrationshintergrundes in den Betrieben oder in ihrer Ausbildungsstelle, in der Schule und pädagogischen Einrichtungen diskriminiert bzw. ungleich behandelt wurden. Ein solcher vorurteilbehafteter und kulturzentristischer Umgang mit Migrantenjugendlichen begünstigt Diskriminierung.

Zwischen den Schülern kommt es oft zu Streitereien und Schlägereien, weil irgendwelche Schimpfworte fallen. Betroffene Schüler werden deswegen oft von der Schule suspendiert, anstatt das Problem pädagogisch zu behandeln und mit ihnen gemeinsam zu lösen.

Herkunfts-kulturelle Orientierungen und Identifikationen der Migrantenjugendlichen werden oft von Pädagogen und Lehrern nicht wahrgenommen und anerkannt, sondern stattdessen kritisiert und ins Negative gezogen. Dies hat zur Folge, dass die Jugendlichen in streng traditionelle Rollenbilder und Lebensmuster zurückfallen und eine Antipathie gegenüber der Aufnahmegesellschaft einnehmen bzw. entwickeln.

Zu meiner Zeit waren yezidische Jugendliche diversen Herausforderungen und Belastungssituation ausgesetzt. Sie mussten schon während der Schulzeit familiäre Aufgaben übernehmen und zudem die Erwartung erfüllen, in Deutschland die Traditionen zu bewahren und eine gute Bildung zu erreichen. In der Bildung ihrer Kinder sahen yezidische MigrantInnen gute Chancen auf einen höheren wirtschaftlichen und sozialen Status und konfrontierten die Kinder daher schon früh mit familiärer Verantwortung. Ihr individueller Werdegang und ihre Entwicklung rückten in den Hintergrund.

In den 90er Jahren bestimmten viele yezidische Eltern über die Heirat ihrer Kinder mit. Jugendliche, die dem entgehen wollten, brachen aus ihren Familien aus und fanden in deutschen Heimen oder Wohngruppen zu einem selbstbestimmten und freien Leben. Mitunter wurden sie auch zwangsweise in Heimen untergebracht. Von ihren Eltern oder anderen Verwandten wurden sie jedoch ausgestoßen. Daraus resultierten einige tragische Fälle der sogenannten Ehrenmorde, die auch in der deutschen Öffentlichkeit bekannt wurden.

In diesem sehr krisenhafteten Integrationsprozess ist eine neue yezidische Generation gewachsen, eine moderne und individualistisch orientierte

Gesellschaft. Für diese Eltern steht die Bildungskarriere ihrer Kinder im Vordergrund. Junge Yeziden wollen heute zur hiesigen Gesellschaft gehören, sie mitgestalten, sich einmischen und am öffentlichen Leben teilhaben. Die Zahl der Akademiker mit qualifizierten, gesellschaftlich angesehenen Berufen steigt unter ihnen. Sie haben für sich Räume zwischen den Kulturen geschaffen, in denen sie sowohl yezidische Traditionen als auch ihre modernen Lebensweltinhalte ausleben und dazu stehen können.

Die heutige neue Bildungsgeneration in der yezidischen Gesellschaft hat in unterschiedlichen Zweigen hohe Bildungsabschlüsse erworben und agiert in den Diensten beider Gesellschaften. Diese jungen Leute geben ihr Wissen und ihre Kompetenzen an ihre Gesellschaft weiter, übernehmen aber auch in der Aufnahmegesellschaft Verantwortung für die Probleme beider Seiten und bringen sich aktiv in die Erarbeitung von Lösungskonzepten ein. Häufig werden sie auch von der Fachprofession als Experten für ihre spezifischen Problemlagen herangezogen.

Im wirtschaftlichen Bereich haben sich viele junge Yeziden nach ihrem Studium selbstständig gemacht und beschäftigen mittlerweile ArbeitnehmerInnen. Der Bildungserfolg hat ihnen zahlreiche Chancen und Möglichkeiten eröffnet, einen

Platz in der hiesigen Gesellschaft einzunehmen und ein Teil davon zu werden.

Während meiner Schulzeit und auch später im Studium habe ich mich in diversen sozialen Bereichen in verschiedenen Projekten engagiert. Unter anderem begleitete ich Flüchtlingsfamilien bei Behördengängen und dolmetschte für sie. Dieses Engagement gab mir Sicherheit in meiner sprachlichen Entwicklung und verhalf mir zu umfassenden neuen Erfahrungen. Auf diesem Weg konnte ich sowohl in der Community als auch in der sozialen Welt Kontakte und Netzwerke aufbauen. Immer wieder öffneten sich mir neue Türen, so dass es mir leichtfiel, Arbeit und Nebenjobs zu finden. Auch konnte ich meine Erfahrungen mit sozialen Problemlagen der Migranten in meine beruflichen Tätigkeiten einbringen und sie im wissenschaftlichen Kontext vertiefen.

Ganz besonders engagierte ich mich in der Flüchtlingsarbeit. Ich begleitete Flüchtlinge aktiv und unterstützte sie bei der Alltagsbewältigung. Im Zeitraum ab Mitte der 90er Jahre bis 2005 wurden einige neue Asylgesetze verabschiedet, die zum Teil restriktiv waren und die Flucht und Zuwanderung nach Deutschland erschwerten. Auch die Bleibeperspektiven für Flüchtlinge wurden ungünstiger. Die Fluchtgründe vieler Menschen, die aus der Türkei und einigen anderen

Kriegsländern nach Deutschland gekommen waren, wurden von deutschen Gerichten nicht als politisch anerkannt.

In der rot-grünen Koalition unter der Regierung von Schily wurde eine restriktive Asylpraxis betrieben und die Integration anhand diverser Asylgesetze und Erlasse praktiziert. Viele Familien, die z.B. aus der Türkei, dem Nahen Osten und den afrikanischen Ländern gekommen waren, waren von Abschiebung bedroht. Aus Angst um ihr Leben suchten sie oft Zuflucht in der Kirche. Während der Regierungszeit von Rot-Grün retteten viele Kirchen Flüchtlinge vor der Abschiebung, indem sie sie ins Kirchenasyl aufnahmen. Die Gruppe der kurdischen Flüchtlinge war von dieser Asylpraxis besonders betroffen. Bundesweit bildete sich eine kirchliche Initiative zum Schutze der Kurden. Es entstand eine sogenannte Karawane, die im gesamten Bundesgebiet kurdische Familien in Kirchen aufnahm. Auch in Ostwestfalen-Lippe erklärten sich viele Kirchen bereit, kurdische Flüchtlinge unterzubringen. Besonders zu erwähnen ist in diesem Zusammenhang Herr Poggenklas aus der Initiative der Bielefelder Kirchen, der sich unermüdlich und energisch für die Karawane der kurdischen Flüchtlinge eingesetzt hat. Zusammen mit verschiedenen Pastoren hat er die in Angst lebenden Menschen aufgenommen und entgegen allen Härten betreut. Ich selbst habe mich in dieser Initiative lange Zeit ehrenamtlich als Dolmetscher eingebracht und sie auf diese Weise unterstützt.

Durch dieses Engagement konnten Dutzende Familien vor der Abschiebung gerettet werden. Allein Herr RA Hoffemann, ein bekannter Anwalt auf dem Gebiet des Asylrechts, hat einige Familien in letzter Instanz vor der Abschiebung bewahrt. Um Weihnachten herum half er beispielsweise mit der Unterstützung der Kirchen einer Familie, die wir gemeinsam im Kirchenasyl betreuten. Sie war überglücklich, dass sie hierbleiben durfte und sich ein neues Leben aufbauen konnte. Dank dieser hochgeschätzten Unterstützung hat sich diese Familie inzwischen gut in Bielefeld eingelebt und die Kinder haben sich positiv entwickelt.

Es gibt noch einige anderen Beispielfälle, in denen diese Initiative die Abschiebung verhinderte. Meine Mitwirkung in der Flüchtlingshilfe in den Kirchen festigte sich allmählich, und später beriet ich auch beruflich in diesem Bereich Flüchtlinge und Migranten bei ihren politischen und rechtlichen Fragen und unterstützte sie. Bei diesen Problemlagen konnte ich mich immer an die kirchlichen Initiativen und Personen wie Herrn Poggenklas wenden. Gemeinsam konnten wir dutzenden Familien helfen und ihnen ein rechtssicheres und menschenwürdiges Leben in Deutschland ermöglichen.

Flüchtlinge, die von Abschiebung bedroht waren und ins Kirchenasyl gingen, befanden sich damals in einer prekären Lebenslage. Sie hatten keinen Anspruch auf medizinische Versorgung und auf finanzielle Leistungen und kein Recht auf Bildung, Arbeit und Integrationsleistungen. Die Asylgesetze und die Integrationspolitik der 90er Jahre verwehrten vielen Kindern und Jugendlichen aus lange geduldeten Flüchtlingsfamilien das Recht auf einen Schulbesuch, Bildung und Integrationsförderung.

Mit der Novellierung der Zuwanderungsgesetze ab 2005 wurde den Flüchtlingen und Migranten dieses Recht sowie das Recht auf Arbeit dann zugesprochen. Neuzuwanderer sind seitdem verpflichtet, einen Integrationskurs zu absolvieren und sich selbst um ihren Integrationsprozess zu bemühen sowie aktiv am gesellschaftlichen Integrationsprozess teilzunehmen. Ein Flüchtling hat heute die Chance, einen sicheren Aufenthaltsstatus zu bekommen, sobald er einen Arbeitsvertrag vorlegen und seine Familie und sich selbst eigenständig ernähren kann. Über den Erwerb eines Berufes, eines höherwertigen Abschlusses oder über eine Festanstellung kann er heute ein vollständiges Mitglied der hiesigen Gesellschaft werden. In Bielefeld existiert inzwischen ein gut ausgebautes Netzwerk zur Unterstützung der Flüchtlinge. Engagierte Personen aus vielen kirchlichen, sozialen, politischen und gesellschaftlichen Initiativen kämpfen seit Jahrzehnten in Bielefeld und ganz OWL für eine humane und menschenrechtskompatible Praxis für Flüchtlinge und gegen Rassismus und Diskriminierung, für einen demokratischen und friedlichen Umgang miteinander in Bielefeld.

Sie alle konnten mit ihren Handlungsansätzen und Projekten dazu beitragen, dass viele Migranten in unserer Stadt einen erfolgreichen Integrationsprozess durchlaufen und die Chance zur aktiven Teilnahme am gesellschaftlichen Leben erhalten haben. Beispielhaft war die Hand-in-Hand-Aktion und das Zusammenwirken vieler Menschen in unserer Stadt im Jahr 2015, um gemeinsam die Integrationsherausforderungen zu bewältigen, die sich durch die Zuwanderung vieler neuzugewanderter Menschen ergaben. In der Kinder- und Jugendhilfe konnten viele Minderjährige mit entsprechendem Bedarf betreut und in das gesellschaftliche System integriert werden.

In ihrem weiteren Werdegang und Vergesellschaftungsprozess stehen die Migranten jedoch noch heute vor gravierenden Integrationsproblemen. So fehlen genügend große Wohnungen und familienfreundliche Rahmenbedingungen, es bestehen Hürden und Barrieren in der Arbeitswelt, eine Benachteiligung im schulischen und gesamten Bildungssystem, Langzeitarbeitslosigkeit, unsichere Aufenthaltsstatus vieler Familien aus Kriegsgebieten oder eine rassismustendierte und vorurteilbehaftete Einstellung gegenüber Migranten auf Grund ihrer äußerlichen, kulturellen, ethnischen und religiösen Merkmale und Haltungen.

Hier besteht noch enormer Handlungsbedarf, doch dafür fehlt es an Unterstützung seitens der kommunalen politischen Kräfte. Diese müssen die Rahmenbedingungen und politische Handlungsprogramme zur Lösung derartiger Probleme entwickeln und fest in ihren Grundsätzen verankern.

In die Entwicklung des Bielefelder Integrationskonzepts wurden damals viele Migranten-Vereine, Organisationen und Einzelpersonen mit ihren unterschiedlichen Erfahrungen und Expertise einbezogen, um es einheitlich zu gestalten und gemeinsam adäquate Angebote und Handlungslinien zur Integration der Migranten zu entwickeln und umzusetzen. An diesem Prozess konnte damals auch ich teilhaben. Es wurden viele wertschätzende Projektideen und Ansätze gemeinsam entwickelt, die in die Konzeption einflossen. Auf Grund fehlender finanzieller und politischer Unterstützung konnten diese großartigen Projektideen jedoch letztlich nicht gemäß dem Konzept realisiert werden. Auch in der Praxis wurden Personen mit Migrationshintergrund leider auch zu wenig und nicht zufriedenstellend einbezogen, z.B. in der Steuerung und Leitung der Projektarbeit.

In vielen Projekten der Bielefelder Träger zur Förderung der Integration und Unterstützung der Migranten im Alltag haben einheimische KollegInnen die Leitungsaufgabe inne, obwohl die KollegInnen mit Migrationshintergrund die gleichen Qualifikationen und Kompetenzen mitbringen. Die interkulturelle Öffnung in der Verwaltung und den Politikstrukturen ist noch kaum vorangeschritten. Wenn man sich die personellen Besetzungen auf Leitungsebene genauer anschaut, zeigt sich, dass nur sehr wenige LeiterInnen einen Migrationshintergrund haben. Diskriminierungspraktiken und rassismusbezogene Handlungen im Umgang mit Migranten in der Verwaltung gehören zu den unkritischen und unreflektierten kulturellen Umgangsweisen der Handelnden in der Verwaltung.

Diese Feststellung trifft auch auf das Schulwesen zu. Unter den Schulleitern finden sich in unserer Stadt nicht einmal eine Handvoll mit Migrationshintergrund. Ebenso verhält es sich in der Politik, d.h. in den Parteien und in den Ausschüssen und im Rat. In der Migrationsgesellschaft gibt es zwar durchaus viele politisch interessierte und aktive Personen, aber sie bekommen nicht in ausreichendem Maß die Chance, sich aktiv in gesellschaftspolitische Entwicklung unserer Kommune einzubringen. Hier müssen sich die Parteien für Migranten öffnen, und diese sollten in die politische Handlungsebene und Entscheidungsprozesse involviert werden, denn sie sind seit Jahrzehnten fester Bestandteil dieser Gesellschaft. Die Politik muss ein kulturell heterogenes Bild der Gesellschaft widerspiegeln. Auch MigrantInnen müssen daher die Möglichkeit und die Chance erhalten, sich aktiv in die Gestaltung und entscheidungspolitische Prozesse einzubringen und ihre Interessen und Ideen in den politischen Gremien zu vertreten.

Mein politisches Engagement

Integrationspolitische Themen und soziale Lagen haben mich schon in meiner Jugend interessiert und begleitet. Das war auch der Anlass dafür, dass ich mich entschieden habe, einen sozialen Beruf zu erlernen. Im Laufe der Zeit hat sich mein ehrenamtliches Engagement zum Beruf eines Sozialpädagogen weiterentwickelt.

Auf Grund meiner sprachlichen und kulturellen Kompetenzen wurde meine Unterstützung speziell in der Arbeit mit Flüchtlingen benötigt. Das genügte mir, um mich im Integrationsrat zur Wahl zu stellen. In dieses Gremium wollte ich die Interessen der Migranten einbringen und vertreten. Von 2010 bis 2014 war ich Mitglied des Integrationsrats und gestaltete die Integrationspolitik in Bielefeld mit.

Im Schwerpunkt habe ich – haben wir – uns dafür eingesetzt, dass sich die Bildungssituation der Migrantenkinder an Schulen verbessert und die Partizipation der Migranten insgesamt am gesellschaftlichen Leben gefördert wird. Das sogenannte Bildungspapier, in dem Angebote zur Förderung der schulischen Situation der Migrantenkinder gefordert werden, ist ein solcher wichtiger Akzent, den wir in Bielefeld gesetzt haben. Das Bielefelder Integrationskonzept ist ein Produkt unserer damaligen gemeinsamen politischen Bestrebungen in unserer Stadt.

Leider haben die Mitglieder des Integrationsrates nur eine beratende Funktion. Sie dürfen zwar Vorschläge unterbreiten und sie den anderen Gremien und dem RAT vorstellen, doch ob diese dann auch tatsächlich zustimmen, das ist die Frage. Die Parteien haben jeweils ihre eigenen integrationspolitischen Ziele und Haltungen, und wenn die Vorschläge des Integrationsrates nicht damit zu vereinbaren sind, finden sie auch keine Zustimmung.

Meiner Ansicht nach sollten die Mitglieder des Integrationsrates in Zukunft ein Mitbestimmungsrecht in den anderen Gremien und im Rat haben, damit ihre politischen Ziele in der Kommunalpolitik von den Parteien mitgetragen werden und umgesetzt werden können.

Die Erwartungen und Forderungen der MigrantInnen an solche Gremien sind recht hoch, so dass ein Gremium mit rein beratender Funktion sie nicht erfüllen kann. Viele BürgerInnen kamen mit konkreten Problemen zu uns, für die sie Unterstützung und Lösungen erwarteten. Ohne politische Unterstützung der Parteien und Ratsgremien konnte ihnen aber letztendlich nicht geholfen werden.

In den letzten Jahren hat sich bei vielen MigrantInnen Verdrossenheit eingestellt, und sie haben inzwischen nur noch wenig Hoffnung, vom Migrationsrat die nötige politische Unterstützung zu erhalten.

RAT. Zeit

Zwar konnten wir im Integrationsrat im Laufe der Jahre einige Ansätze zu einer gelungenen Integration und einem friedlichen Zusammenleben sowie zur Gliederung der interkulturellen Vielfalt entwickeln, aber es ist uns nicht gelungen, die politische Haltung und Linie der Kommunalpolitik in und um Bielefeld zu verändern. Aus diesem Grund reizte es mich, in den Stadtrat zu ziehen, um mich dort mit meinen Ideen und Ansätzen einzubringen. Für mich bedeutet Integration, mitzumischen und mitzugestalten.

Ich hatte viele Ideen dazu, wie sich die Situation der Migranten in Bielefeld verbessern ließe. Daher wurde ich Mitglied der Grünen, um in dieser Partei in Bielefeld verstärkt für die Rechte und Interessen der MigrantInnen einzutreten.

Themen, die mich bewegten, sowohl beruflich als auch persönlich-politisch, waren und sind die partizipative soziale Integration der Migranten, gleiche Chancen im Bildungssystem für bildungsschwache Kinder mit und ohne Migrationshintergrund, eine interkulturelle Öffnung in der Verwaltung und Jugendhilfe, soziale Gerechtigkeit und ein rassismusfreier Umgang mit MigrantInnen im Alltag sowie ein friedliches Zusammenleben der Kulturen in unserer Stadt.

Über meine berufliche sozialarbeiterische Berufstätigkeit und später meine integrationspolitische Arbeit habe ich festgestellt, dass im System zwischen Einheimischen und MigrantInnen ungleiche Verhältnisse herrschen, die auf der kommunalpolitischen Ebene verbessert werden müssen.

Schon seit Jahren fordern MigrantInnen und Integrationsräte, zuletzt auch die Grünen, eine Öffnung der Parteien für MigrantInnen und Migrationsthemen. In den Parteien in Bielefeld sind im Rat und in manchen Gremien keine Mitglieder mit Migrationshintergrund vertreten. In der SPD und in der Grünen Fraktion gab es jeweils ein Mitglied aus einen Nicht-EU-Land.

Ich bin über die Grüne Partei von 2014-2020 in den Rat gewählt worden. Damals ging ich aus eigenem Antrieb zu der Partei und stellte mich für die Wahl zur Verfügung. Ich stellte meine Ideen und Handlungsvorschläge vor und bekam dann einen aussichtsreichen Listenplatz. Bei den letzten Kommunalwahlen plädierte die Grüne Partei in der Presse für eine stärkere Beteiligung der MigrantInnen in der Kommunalpolitik und anderen Bereichen und forderte die Parteien auf, sich für diese Zielgruppe zu öffnen. Schaut man sich die Zusammensetzungen der Parteien an, so findet man bei den Fraktionen der Grünen kein Ratsmitglied mit Migrationshintergrund aus einem Nicht-EU-Land, bei der SPD drei Personen aus einem ursprünglichen Nicht-EU-Land. In den konservativen und oppositionellen Parteien gibt es nach meiner Recherche kein Mitglied mit Migrationshintergrund.

Die sozialen Lagen und Konflikte in der Migrationsgesellschaft sind nicht neu. Zum Teil sind es immer noch dieselben wie früher, die sich immer von Neuem wiederholen. Das liegt daran, dass die Politik und die für die Problemlagen der MigrantInnen Verantwortlichen keine spezifischen Konzepte und Handlungsansätze in Bezug auf die MigrantInnen entwickelt und sie auf Augenhöhe integriert haben. Integration bedeutet nach diesem Verständnis gleiche Rechte und gleiche Chancen in allen gesellschaftlichen Teilsystemen.

Schaut man sich die Problemlagen der MigrantInnen an, stellt man fest, dass diese im Schwerpunkt die Hauptprobleme der MigrantInnen darstellen. Migrantenkinder verlassen die Schule immer noch ohne einen höherwertigen Schulabschluss und werden langzeitarbeitslos. Auf Grund eines fehlenden oder zu schlechten Abschlusses bekommen viele Migrantenjugendlichen keine Ausbildungsstelle. Sie arbeiten dann in einem niedrigbezahlten Sektor, beziehen ergänzend

Hartz-IV-Leistungen oder bleiben im System langzeitarbeitslos.

Obwohl in den letzten Jahren Projekte wie etwa Beratungsangebote zur Förderung der schulischen Situation der Migrantenkinder in Bielefeld entwickelt wurden, um ein schulisches Scheitern dieser Kinder und Jugendlichen zu verhindern, fällt in den Statistiken der Anteil der jungen Menschen ohne berufliche Perspektive auf. Aus meiner Sicht wird das Problem eher verwaltet, anstatt zusammen mit den Betrieben Stellen für Jugendliche zu schaffen oder in der Schule oder außerhalb Bildungsangebote für sie zu entwickeln. Die Zahl der Bielefelder Betriebe, die bereit wären, einen solchen Jugendlichen auszubilden, würde zunehmen, wenn sie entsprechende Unterstützung bekämen. Aus Angst, Geld in die Ausbildung eines Jugendlichen zu investieren, der dann den Anschluss im Betrieb nicht findet, bieten sie sich jedoch nicht an. Jugendliche mit sozialen Schwierigkeiten bzw. Verhaltensproblemen benötigen während der Ausbildung sozialpädagogische Begleitung. Diese Hilfe wird von ihnen oft aus Schamgefühl nicht beantragt oder sie wissen nicht über die Hilfsangebote Bescheid. Ein Ausbilder, der sich auf die Vermittlung der Ausbildungsinhalte konzentriert, hat jedoch keine Zeit, um die Azubis nebenbei noch zu betreuen und sie bei Ansprüchen und notwendigen Hilfsmaßnahmen zu begleiten und zu unterstützen.

Diskriminierung im Schulsystem

Auch heute noch werden MigrantenschülerInnen auf Grund ihrer kulturellen Hintergründe, äußerlichen Erscheinungsmerkmale und ethnischen Zugehörigkeit explizit oder implizit benachteiligt.

Schulen mit kulturell homogener Ausrichtung streben eine totale Anpassung an bestehende kulturelle Leitlinien der einheimischen kulturellen Orientierungen an. Obwohl seit der interkulturellen Pädagogik in den 90er Jahren ein Gleichheitsgrundsatz der Kulturen gefordert wird und SchülerInnen mit Migrationshintergrund ein Recht auf Förderung ihrer kulturellen Identifikationen haben, werden in den Schulen auf kommunaler Ebene noch immer keine Angebote zur Förderung und Entwicklung dieser heimatkulturellen Werte installiert. Gelegentlich finden in den Schulen nebenbei kleinere Projekte und Aktionen mit Bezug auf interkulturelle Vielfalt statt, doch dies geschieht nicht kontinuierlich und nachhaltig.

Die Strukturen in den deutschen Schulen sind nicht offen für die interkulturelle Vielfalt. In manchen Schulen ist der Anteil an MigrantenschülerInnen zahlenmäßig groß, doch dies spiegelt sich im schulischen Alltag in den bestehenden Strukturen nicht wider. Im Lehrerkollegium sind Migrantenlehrer in der Unterzahl, in der Leitungsposition findet sich nur an wenigen Schulen ein/e Direktor/in mit Migrationshintergrund. Eltern mit Migrationshintergrund zeigen oft nur ein sehr schwaches sozialpolitisches Engagement und sind hier an manchen Schulen gar nicht vertreten. Auch in die Schulpolitik mischen sie sich so gut wie gar nicht ein und vertreten ihre Interessen und diejenigen ihrer Kinder nicht gegenüber der Politik. Umgekehrt werden sie auch als Eltern von der Politik nicht direkt in schulpolitische Entscheidungen einbezogen.

Nach wie vor wird im schulischen Kontext nach den pädagogischen Ansätzen der früheren Ausländerpädagogik und der Nachfolgerkonzepte wie etwa des Multikulturalismus gehandelt.

Als 2015 während der neuen Flüchtlingswelle ca. eine Million neuer Flüchtlinge nach Deutschland kamen, wurden an den deutschen Schulen wieder Klassen für Ausländerkinder eingerichtet, die sogenannten Internationalen Klassen. Zu meiner Zeit hießen sie Auffangklassen. Die SchülerInnen sollen darin zunächst ein Jahr bzw. insgesamt zwei Jahre lang Deutsch lernen und auf die Regelklasse vorbereitet werden.

1986 oder 1987 besuchte auch ich eine solche Klasse. Sie bestand damals nur aus yezidischen Kindern, es handelte sich also um eine reine kurdischsprachige Klasse. Im schulischen Alltag unterhielten wir uns weitaus häufiger auf Kurdisch als auf Deutsch. Heute gibt es ebenfalls noch Klassen, die nur von Ausländerkindern besetzt sind. In manchen ist eine bestimmte ethnische Gruppe zahlenmäßig besonders stark vertreten, sodass die SchülerInnen im Alltag meist in ihrer Sprache verkehren anstatt auf Deutsch.

Ich frage mich, warum das so ist. Ist es nicht möglich, die Kinder auf die Regelklassen zu verteilen und sie von Anfang an auf den normalen Regelunterricht vorzubereiten? Darüber hinaus könnten sie Förderunterricht bekommen, der dann z.B. in Deutsch abgehalten werden könnte. In Bielefeld existiert seit einigen Jahren ein Kommunales Integrationszentrum (IK), das schulische Prozesse und die Integration der Migrantenschüler an Bielefelder Schulen organisiert und verwaltet. Forderungen zur Verbesserung der curricularen und Lernentwicklung der Migrantenkinder an den Schulen wurden nach meinen Feststellungen nicht in die Politik eingebracht und zentriert. In meiner Ratszeit wurde zwar in den Ausschüssen, so auch im Schulausschuss, über die Situation der Migrantenkinder berichtet, aber spezifische Konzepte und Ideen zur Verbesserung der Lernsituation und interkulturellen Öffnung wurden nicht in der Schulpolitik und Kommunalpolitik als Handlungsschwerpunkt verankert.

Zwar wurden von dieser Seite projektbezogene Vorschläge in den Schulausschluss eingebracht, aber sie sind in der Kommunalpolitik nicht zu einem Handlungskonzept zur schulischen Förderung der Migrantenkinder und interkulturellen Ausrichtung der Schulen gewachsen.

Im Rahmen meiner sozialarbeiterischen Betreuungsarbeit habe ich viel mit Lehrern und Schulen und auch mit deren DirektorInnen zu tun. Bei den Elterngesprächen arbeiten wir eng zusammen. Wenn Elterngespräche oder Elternversammlungen an der Schule stattfinden, dann nehme ich bei Bedarf daran teil. Bei einem schulischen Problem werden meine MitarbeiterInnen und ich von den LehrerInnen kontaktiert und zu einem Gespräch eingeladen. An diesen Gesprächen nehme ich begleitend teil und fungiere dabei zum einen als Berater und zum anderen als Dolmetscher. In den meisten Fällen stelle ich fest, dass Verhaltensprobleme und schulische Probleme mit den kulturellen Hintergründen der SchülerInnen in Zusammenhang gebracht werden. Es entsteht der Eindruck, dass die Kultur der Familie eines Kindes dafür verantwortlich ist, wenn seine schulische Leistung schlecht ist. Andere Rahmenbedingungen werden nicht in den Blick genommen.

Seit der Inklusion haben lernschwache Kinder ein Recht auf gemeinsame Beschulung in der Regelklasse und in der Regelschule. Weiterhin finden an vielen Schulen in Bielefeld und außerhalb Bielefelds etliche AOS-Verfahren statt. Die betreffenden Kinder werden notfalls auch gegen den Elternwillen auf eine Förderschule geschickt.

An diesem Punkt geraten dann die Eltern mit den Schulen in Konflikt. In einem solchen Fall werden wir als Vermittler hinzugezogen und die LehrerInnen erwarten von uns, dass wir die Eltern von ihrer Entscheidung überzeugen. Leider kennen viele Eltern ihre Rechte und Chancen kaum und diese werden ihnen auch nicht vermittelt. Z.B. wird den Kindern oft nicht direkt ein Platz an der Regelschule im gemeinsamen Lernen angeboten. In einigen Fällen konnten wir gemeinsam erreichen, dass die betroffenen Kinder im gemeinsamen Lernen in die Gesamtschule oder eine andere Regelschule integriert wurden. Gerade Eltern aus bildungsfernen Schichten müssen über ihre Rechte und Chancen im deutschen Bildungssystem aufgeklärt werden. Auch eine Beistandschaft soll ihnen in solch einem Prozess angeboten werden, um sie entsprechend zu informieren und eine Basis für die Entscheidung zu schaffen.

LehrerInnen sind immer wieder neuen Herausforderungen ausgesetzt. Die gesellschaftlichen Wandlungsprozesse, sowohl auf nationaler als auch auf internationaler Ebene, überfordern viele

PädagogInnen sowohl beruflich als auch persönlich. Sie müssen im Alltag ständig neue Situationen bewältigen und ihren Lehrplan und ihr Kompetenzprofil daran ausrichten. In den letzten Jahrzehnten waren es die Flucht und die Migration, die zu solchen Veränderungen führten. Später kam dann die Inklusion, und heute ist es die Pandemie, die immer wieder neue Anpassungen erfordert. Die Schule, konkret das Lehrpersonal, muss in jedem neuen Wandelprozess die damit verbundenen beruflichen und strukturellen Anforderungen fachlich meistern.

Die vielfältigen Herausforderungen setzen die Lehrer unter Druck, da sie vieles aus eigener Kraft organisieren, umorganisieren und weiterentwickeln müssen. Insbesondere die Inklusion beschäftigt die Schulen bis heute in einem erheblichen Maße und bindet einen großen Teil ihrer personellen und fachlichen Kompetenzen. Die Schulen und damit die Lehrer werden bei der Ausstattung und der Installierung der Inklusionskonzeption an den Schulen alleingelassen.

Die Probleme der Inklusion sowie der Migration sind ebenfalls noch nicht abschließend gelöst. Sie belasten die Lehrer noch immer in ihrem Alltag, weil ihnen die notwendige personelle, finanzielle und räumliche Unterstützung fehlt. Viele LehrerInnen wirken sehr gereizt und sind ständig unter

Druck, den sie dann an den SchülerInnen auslassen. Dies wirkt sich dann wiederum sehr negativ auf die Lernsituation und die Gesundheit der SchülerInnen aus.

Seit die Geschichte der Migration begann, waren die Lehrkräfte mit den Verhaltensweisen und dem Lebensstil der Migrantenkinder überfordert. Der Umgang mit diesen Kindern war und ist nicht einfach für sie. Dies machte sich insbesondere im Jahr 2015 bemerkbar. Neben den Integrationsproblemen und den sprachlichen Problemen überforderten auch das Verhalten und die persönlichen Probleme vieler Migrantenkinder die LehrerInnen im Schulalltag. Damals kamen viele Kinder aus Kriegsländern nach Deutschland, so z. B. aus dem Irak, Syrien, Afghanistan oder anderen Kriegsländern, die fluchttraumatische oder kriegstraumatische Erfahrungen gemacht hatten.

Dies verschärfte für die LehrerInnen die Schwierigkeiten im Umgang mit diesen Kindern noch zusätzlich. Es gelang ihnen kaum, einen Zugang zu ihnen zu bekommen. Neben sprachlichen Problemen stellen auch fehlende Fachkompetenzen mit den Problemlagen oder fehlende interkulturelle Kompetenzen der Lehrkräfte Barrieren dar. Einige Lehrer sind bezüglich der interkulturellen Themen und im Umgang damit nicht ausreichend geschult bzw. dafür sensibilisiert. Viele LehrerInnen haben selbst nur wenig oder gar keine Erfahrungen mit Migration und Flucht.

Auf Grund fehlender interkultureller Kompetenzen bzw. Hintergrundwissen über die Herkunftskultur der Migranten zeigen LehrerInnen oft ein Fehlverhalten, sodass sie die Probleme der Migrantenkinder kulturalisieren und diesen gewisse Stereotypen zuschreiben. Um dem Anspruch der Interkulturalität gerecht zu werden, starten die Schulen gelegentlich und thematisch punktuell interkulturelle Projekte. Früher gab es die sogenannten Schülercafés, die auch heute noch an einigen Schulen existieren. Ein anderes Projekt, das an Schulen gerne durchgeführt wird, sind die interkulturellen Wochen, in denen ausländische Themen im Unterricht behandelt werden und Gesprächsrunden stattfinden. Leider wird damit aber noch keine interkulturelle Begegnung geschaffen. Zudem werden in diesen kulturellen Räumen oft Vorteile und Stereotypisierungen verbreitet bzw. erzeugt. Die Lehrkräfte sind in ihrem täglichen Handeln nicht in der Lage, die Probleme der Migrantenkinder umfassend zu verstehen und mit angemessenen Lösungen darauf zu reagieren. Sie handeln nach den Schemata, die sie im Studium kennengelernt haben und die von westlichen Kulturwerten geprägt sind. Oft greifen ihre Lösungen und Maßnahmen nicht, weil sie nicht auf die spezifische Situation der Migrantenkinder zugeschnitten sind.

Die kulturelle Andersheit der Migrantenkinder wird von manchen PädagogInnen und LehrerInnen noch heute als Störfaktor und damit als Barriere für die Integration gesehen. Die herkunftskulturellen Werte der Migrantenkinder werden im Alltag missachtet und dabei übersehen, dass sie für ihre kulturelle Identität und ethnische Zugehörigkeit relevant sind. Nicht das Lernen voneinander oder übereinander ist in den Vordergrund dieses Projekts gerückt, sondern stattdessen oft der vorurteilshafte Blick.

In Bezug auf die Gesprächsrunden kann ich aus meiner Erfahrung sagen, dass die SchülerInnen sich dabei häufig gegenseitig beleidigen und beschimpfen. Sie greifen auf üble und voreingenommene Weise Ehre, Stolz und Würde der ethnisch-religiösen Herkunft an. Aus diesen unangemessenen Diskussionen entstehen später gegenseitige Feindschaften und Hass, die oft auch Gewalt mit sich bringen. So kam es in den letzten Jahrzehnten an Schulen in Bielefeld zu vielen gewalttätigen Gruppenschlägerrein, die religiös oder ethnisch motiviert waren.

Als Reaktion darauf und um Rassismus und Gewalt zu bekämpfen, ist vor einigen Jahren das Projekt „Schule ohne Rassismus“ entstanden, welches ich sehr schätze. Ich würde mir mehr solche Projekte an Schulen wünschen. Sie sollten an jeder Bielefelder Schule von der Grundschule bis zur Oberstufe des Gymnasiums installiert und als fester Bestandteil im schulischen Alltag verankert werden.

Seit einigen Jahren beschäftigen religiöser Fanatismus und Extremismus sowie nationalistischer Extremismus die Schulen und das Lehrpersonal. Diese Gruppierungen werben an den Schulen um Mitglieder. Gerade unter Migranten finden sich viele Jugendliche, die sich z.B. von Salafisten für deren Ideologie und Aktivitäten begeistern und davon beeinflussen lassen. Hier kommt Projekten zum Thema Demokratie und friedliches Zusammenleben eine hohe Bedeutung zu. Aus meiner Sicht sollten diese Projekte an Schulen flächendeckend ausgebaut werden, um diesem Extremismus entgegenzuwirken.

Die Bildungsforschung hat dem deutschen Bildungssystem ungerechte und ungleiche Bildungschancen attestiert. Schon in den 90er Jahren wurde festgestellt, dass Migrantenkinder im deutschen Schulsystem diskriminiert werden. Ein Befund dieser Forschung bestand darin, dass Migrantenkinder eher auf eine Sonderschule geschickt wurden, weil sie schlecht deutsch sprachen oder zu schüchtern waren, um sich im Unterricht zu melden. In den letzten Jahren wurden die Sonderschulen in Deutschland nach und nach abgeschafft, ebenso die Hauptschulen, weil sie einer Stigmatisierung unterlagen. Die Schülerschaft an der Hauptschule bestand zum größten Teil aus Migrantenkindern.

Die ungleichen Bildungsstrukturen von damals bestehen auch heute noch. Bildungsschwache und sozial Schwache aus sozialbenachteiligten Quartieren werden auch weiterhin benachteiligt und bleiben in ihren festgefahren Armuts- und Benachteiligungsstrukturen verhaftet.

Jedes Kind hat Anspruch auf eine gute Bildung, die ihm Zukunftsaussichten eröffnet. Daher sollte jedes Kind mit Förderbedarf in seiner Schule auch die entsprechende Förderung erhalten. Hat ein Kind Förderbedarf, so wird zuerst ein AOS-Verfahren durchgeführt bzw. ein psychologisches Gutachten erstellt, um ihm das entsprechende Hilfeangebot zu machen. Dabei handelt es sich um Stigmatisierung. Aus diesem Grund haben viele Migranteneltern enorme Probleme damit, dieses Gutachten anzuerkennen, und so entstehen oft langandauernde Konflikte und Streit zwischen Schule und Eltern. Die Kinder bekommen in solchen Fällen die notwendige Hilfe verspätet.

Eine Zukunftsschule stelle ich mir so vor, dass die Förderangebote in den Schulstrukturen verankert sind und jedes Kind, das Hilfe benötigt, diese an der Schule auch bekommt, unabhängig vom AOS-Verfahren. In Zukunft müssen mehr Lerncoaches an den Schulen ausgebildet werden, die explizit die Kinder im Lernprozess betreuen.

Soziale Probleme

Soziale Ungleichheit und Diskriminierung der Migranten und andere Gruppen sind auch heute noch ein schwerwiegendes Problem.

Bereits in meiner Jugend bemerkte ich, dass zwischen den Migranten und Einheimischen asymmetrische Verhältnisse bestehen. Während meiner Vergesellschaftung mit der Aufnahmegesellschaft machte auch ich selbst Ungleichheitserfahrungen. Lange Zeit lebten wir in einer kleinen Wohnung mit wenig Bewegungsfreiheit und Privatsphäre und suchten nach einer größeren Wohnung. Doch ob auf dem freien Wohnungsmarkt oder bei den Bielefelder Wohnungsgesellschaften – immer hieß es: „Wir haben keine große Wohnung für eine so große Familie." Heute noch haben Familien mit Migrationshintergrund bei der Suche nach einer großen Wohnung Probleme. Viele große Familien leben immer noch in zu kleinen Wohnungen. Die Kinder haben zu Hause kaum Privatsphäre und keinen eigenen Platz, an dem sie in Ruhe lernen können. Versuchen solche Familien, auf dem freien Markt, z.B. in Internetportalen, eine passende Wohnung zu finden, werden sie häufig mit der Begründung abgelehnt, sie seien Flüchtlinge und arbeiteten nicht.

Der Wohnungsbau in Bielefeld stockt und kann die Bedarfe der Bielefelder, die auf der Suche nach einer größeren Wohnung sind, nicht schnell genug decken. Um dieses Problem zu lösen, wurden in meiner politischen Legislaturperiode Konzepte und Beschlüsse zur Erhöhung der Wohnungsbedarfe in Bielefeld durch den Rat verabschiedet, aber es dauert lange, bis die behördlichen und baulichen Modalitäten geklärt sind, so dass sie umgesetzt werden können. Zudem werden viele Projekte an private Investoren übergeben, die dann selbst die Mieten festlegen und die Mieter aussuchen. Dabei bekommt nicht jede Familie die Chance auf eine neue Wohnung oder ein Einfamilienhaus. Um Familien mit Kindern gerecht zu werden, sollten sie in Zukunft eine größere Chance auf finanzielle Förderung bekommen, um ein Haus zu bauen oder zu erwerben. Es ist ungerecht gegenüber finanziell und sozial schwachen Familien, dass immer an erster Stelle finanziell starke Familien Wohnungsangebote bekommen. Die Kommunalpolitik steht hier in der Verantwortung, in Zukunft in einer so stark wachsenden Stadt wie Bielefeld Wohnungsangebote für kinderreiche und finanziell schwachen Familien zu schaffen.

Sozial belastete Quartiere

Heute leben in bestimmten Stadtteilen mehrheitlich Menschen mit Migrationshintergrund. Als ich nach Bielefeld kam, gab es in meinem Stadtteil ca. 10 yezidisch-kurdische Familien. Heute gehört die kurdisch-yezidische Gruppe dort zu den Hauptgruppen. Der Stadtteil Baumheide weist eine sozial und wirtschaftlich schwache Struktur auf. Hier leben viele Familien, die von Armut betroffen sind. Solche Stadtteile haben sich zu besonders sozialbenachteiligten Quartieren entwickelt. Unter den Menschen, die dort leben, gibt es viele mit geringer Bildung und unzureichenden Sprachkenntnissen.

Die Entwicklung der Kinder ist in diesen Verhältnissen durch Armut und psychosoziale Belastungsfaktoren gefährdet. Viele Eltern können ihre Kinder in schulischer Hinsicht und in ihrer Bildungsentwicklung nicht fördern, weil ihnen selbst die entsprechenden Kompetenzen fehlen.

Zudem wurden Lern- und Unterstützungsangebote zur Förderung der schulischen Situation auf Grund der Sparpolitik der Stadt Bielefeld in den letzten Jahren immer mehr abgebaut. Die Arbeitslosigkeits- und Armutsstatistiken der Bielefelder Sozialbehörde zeigen auf, dass Migrantenkinder besonders häufig von Armut betroffen sind. Solche Familien könnten in den meisten Fällen keine Wohnung in einem sozialstärkeren Quartier finden. Dadurch haben sich in Bielefeld mehrere Quartiere zu Armutsstadteilen entwickelt. Die Strukturen sind so fest verankert, dass viele Kinder es nicht schaffen, daraus auszubrechen und sozial aufzusteigen.

Zu meiner Zeit gab es im Freizeitzentrum (FZZ) des Stadtteils Baumheide ein Angebot zur Hausaufgabenhilfe und zahlreiche Bildungsangebote für unterstützungsbedürftige Kinder. Ich nahm die Hilfen in dem Haus gerne in Anspruch und konnte dadurch meine schulischen Leistungen verbessern. Diese Angebote sind später durch die Sparmaßnahme weggefallen. Ausgerechnet diese bildungsentwicklungsrelevanten Angebote für benachteiligte Menschen in diesem Stadtteil wurden gestrichen.

In der Ratsperiode 2014 -2020 setzte die Koalition, überwiegend die Grünen-Fraktion, die prekären sozialen Verhältnisse und Segregationsverhältnisse auf die Tagesordnung. Es wurden Fördergelder von der EU, vom Bund und vom Land nach Bielefeld geholt und in diese Stadtteile investiert. Es ging dabei um soziale Maßnahmen für die Stadt oder bestimmte Quartiere, um hier einige Bestpractic-Projekte hervorzuheben. Über diese

Projekte wurde in die Wohnungssanierung, die Schulen und auch ein wenig in soziale Strukturen investiert. Als Mitglied der Grünen und Anwohner aus Baumheide habe ich mich immer dafür engagiert, in Stadteilen wie Baumheide soziale Benachteiligung, Migrationsfolgen, Armut und Bildungsverhältnisse durch nachhaltige Projekte gezielt zu bekämpfen. Aus meiner Sicht wurde aber zu wenig Geld in soziale Projekte und Bildungsprojekt investiert, um die Armutsstrukturen und Segregationsverhältnisse tatsächlich abbauen zu können.

In der Migrationsgesellschaft ist Bildung in diesen Stadteilen zu einem sozialen Problem geworden, und darum sollten hier langfristige und nachhaltige Bildungsangebote für sozial schwache und von Armut betroffene Familien geschaffen werden. Nur so kann ein Wandel in der sozialen Struktur solcher Stadtteile erreicht werden. In Zukunft sollten die Bielefelder Sozialparteien ihren Fokus auf diese Stadteile setzen, um soziale Gleichheit herzustellen.

Ein wichtiger erster Schritt in diese Richtung besteht darin, dafür zu sorgen, dass das FZZ Baumheide, das zusammen mit der dort angesiedelten sozialen Beratungsstelle seit Jahren existiert, ein Bildungszentrum für alle Familien wird. Noch immer ist die Anzahl der Migranten, die diese

Angebote erreichen, recht gering. Insbesondere sollte sich die Beratungsstelle im Haus für Migranten interkulturell öffnen und ihr Leitbild interkulturell fixieren. Dazu bedarf es eines Konzepts und einer Neuorientierung ihrer Angebote und Hilfen, die auf die Situation und Problemlagen der Migranten zugeschnitten sind.

Migrantenfamilien sind neben ihren Integrationsproblemen noch einer Reihe anderer prekärer Soziallagen ausgesetzt, was zur Folge hat, dass sie auf pädagogische und sozialarbeiterische Hilfen angewiesen sind. Die sozialen Beratungsstellen und Maßnahmenträger sehe ich in der Verantwortung, sich mit ihren Angeboten auf die Problemlagen der Migrantenfamilien einzustellen, um Armut und soziale Degradierung in der Mehrheitsgesellschaft zu verhindern. Um Menschen mit Migrationshintergrund besser zu erreichen und sie einzubeziehen, sollten im Alltag gezielt Sozialarbeiter mit Migrationshintergrund eingesetzt werden. Noch immer werden Kollegen mit deutschem Hintergrund als Quartiersmanager in Stadteilen mit hohem Migrantenanteil eingesetzt, um die soziale Situation zu verbessern. Doch wie soll das funktionieren, wenn die Menschen mit Migrationshintergrund sich nicht angesprochen fühlen und sich und ihre Interessen nicht vertreten sehen?

Die Angst der Migranten davor, Hilfen in Anspruch zu nehmen und durch die deutschen Kollegen kontrolliert zu werden, sollte ihnen genommen werden. Durch einen kulturell sensiblen und gleichberechtigten Umgang sollte ihnen der Eindruck vermittelt werden, dass die Träger sie als Ansprechpartner wahrnehmen und mit ihnen auf gleicher Augenhöhe kommunizieren.

Zu meinen politischen Zielen gehörte es, aktiv etwas gegen die soziale Benachteiligung der Migranten und anderer sozial geschwächter Gruppen in sozialbenachteiligten Quartieren zu leisten. Im Schulausschuss stellte ich einen Antrag zur Förderung der Teilhabechancen der MigrantInnen im Sport und sozialen Leben im Quartier. Darin forderte ich, öffentliche Schulhöfe und Sportplätze für alle zu öffnen. Dieser Antrag bekam leider keine politische Gewichtung, da ich von meinen ParteikollegInnen, insbesondere an der Fraktionsspitze, nicht genug unterstützt erhielt.

Ein anderes Thema, das ich immer wieder in die Diskussionen im Schulausschuss, aber auch auf innerparteilichen Ebenen, einbrachte, war die Bildungsbenachteiligung der Migrantenkinder in den sozial benachteiligten Quartieren. Diesbezüglich forderte ich mehr Lern- und Förderangebote für Kinder aus bildungsbenachteiligten Familien. Dieses Ziel konnte jedoch nicht verwirklicht werden, da meine Partei sich nicht für spezifische Förderangebote und Projekte zur Bekämpfung der Bildungsbenachteiligung der Migrantenkinder in Baumheide und anderen sozial benachteiligten Quartieren einsetzte.

Ein dritter für mich wichtiger Themenbereich war Gewalt im Sport in jeglicher Hinsicht. Hierzu stellte ich im Schul- und Sportausschuss einen Antrag. Aus meiner Sicht gefährden Trainer und andere Verantwortliche durch ihren kindeswohlgefährdenden Umgang und ihre Verhaltensweisen die sozial-emotionale Entwicklung von Kindern im Sport. Viele Trainer sind hinsichtlich der psychischen und sozial-emotionalen Entwicklung von Kindern nicht ausgebildet.

Ein weiteres Thema ist die sexualisierte Gewalt gegen junge Sportaktive. Fälle dieser Art sind in der Öffentlichkeit in den letzten Jahren mehrfach bekannt geworden.

Mit der Initiative wollte ich persönlich über meine Partei erreichen, dass unsere Sportvereine den Grundpfeiler der Kindeswohlsicherung in Sportverpflichtungen legen. Insbesondere sollten meiner Meinung nach alle Vereine, die junge SportlerInnen trainieren, ein Leitbild gegen jegliche Art von Gewalt gegen Kinder und Jugendliche im Sport in ihre Satzungen und Handlungskonzepte integrieren. Um das zu unterstützen und voranzutreiben, sollten die Vereine kontinuierlich Maßnahmen gegen Gewalt im Verein durchführen. Insbesondere Fußballvereine sollten sich solch einem Leitbild verpflichten und ein gewaltfreies Miteinander und einen fairen sportlichen Umgang miteinander im Verein gemäß den Kindeswohlprinzipien ermöglichen und unterstützen.

Um dies zu erreichen, sollten insbesondere Trainer und Vereinsverantwortliche (Jugendleiter usw.) regelmäßig geschult werden. Auch bei diesem Projekt bekam ich leider von meinen ParteikollegInnen zu wenig Unterstützung. Das Thema wurde von der Referentin für Schule und Sport ungezielt und mit wenig Gewicht auf der Themenliste platziert. Die Älteren und Erfahrenen in den Gremien waren dominant, sodass sie über die Platzierung und Präferenzen der Themen bestimmen konnten. Die Referentin war nicht in der Lage, die Themen differenziert aus fachlicher und sachlicher Sicht zu betrachten und solch einer Thematik die politische Bedeutung beizumessen, die sie braucht.

In den Diskussionen konnte ich erleben, wie in der Kommunikation manche Themen als wichtig und relevant behandelt wurden und andere nicht. Die Argumentation wurde immer von der Dominanz der festgefahrenen gruppenhaften innerparteilichen, regimeartigen Strukturen bestimmt, die großen Einfluss auf die Referentin haben. Eine unschöne und unfaire Erfahrung, die ich gemacht habe, besteht darin, dass einige meiner Themen bewusst abgewimmelt und nicht auf die Tagesordnung gesetzt wurden. Die Vorschläge und Ideen, die ich schriftlich (per Mail) einbrachte, gerieten oft in Vergessenheit bzw. wurden nach hinten gerückt, sodass sie nicht angesprochen wurden.

An dieser Stelle möchte ich erwähnen, dass sogar meine Bewerbung für die Kandidatur für die Kommunalwahlen 2020, die ich per Mail an die Kreisgeschäftsführerin, die Fraktionsspitze und die ReferentInnen geschickt hatte, nicht aufgenommen wurde. Bei dem Parteitag zur Kommunalwahl 2020 tauchte meine Bewerbung auf der Liste der InteressentInnen / KandidatInnen nicht auf. Ich war enttäuscht von meinen KollegInnen und fragte mich, warum sie mich nicht auf die Liste gesetzt hatten.

In der Sitzung wurde ich gefragt, ob ich kandidieren möchte. Nachdem ich lange überlegt hatte, entschied ich mich, doch zu kandidieren, und zwar mündlich. Bei meiner Vorstellung merkte ich an, dass meine Bewerbung von der Partei und Wahlkommission nicht angenommen worden war, obwohl ich sie rechtzeitig eingereicht hatte. Ich bekam darauf keine Antwort.

Integration, Bildung, Studium

Ich stamme nicht aus einer Akademikerfamilie mit großer Bildungserfahrung. Mein Interesse an Bildung und meine Motivation dafür sind mit der Zeit in meinem sozialen Umfeld entstanden. Mir war schon in meiner Jugend klar, dass ich studieren und einen akademischen Grad erlangen wollte. Nicht meine Eltern brachten mich dazu, zu studieren; als ich geheiratet hatte, sagte mir mein Vater sogar, ich solle arbeiten gehen, um meine Familie ernähren zu können. Damals war unsere Zukunft in Deutschland auf Grund der asylrechtlichen Situation unsicher. Vielleicht meinte er es gut, vielleicht dachte er auch, wenn wir abgeschoben würden, dann sollten wir wenigstens mit etwas Geld in unsere Heimat zurückkehren und uns dort eine neue Zukunft aufbauen.

Ich hielt jedoch an meinen Zukunftsplänen fest und arbeitete weiter an meinem Ziel, ein Studium zu absolvieren. Neben der Schule war ich in mehreren Bereichen sozial engagiert: ich begleitete Flüchtlingsfamilien bei Behördengängen und dolmetschte für sie, ich unterstützte das Flüchtlingsnetzwerk der Kirchen und ich engagierte mich in den kurdischen Vereinen in Bielefeld. In diesen Institutionen und Netzwerken kam ich mit Akademikern in Kontakt und nahm sie mir zum

Vorbild. Mein Interesse an Bildung und einem Studium nahm immer mehr zu.

Anhand dieser Vorbilder wurde mir in diesen Netzwerken die Stellung der Akademiker in der Gesellschaft bewusst. Auch mein Interesse für sozialpolitische Themen nahm in diesen sozialen Handlungsfeldern immer mehr zu. Eine Betreuerin aus der Flüchtlingsinitiative sagte mir damals, ich sei ein guter Sozialarbeiter und müsse unbedingt Sozialarbeit studieren. Das Sozialwesen und das Studium gesellschaftswissenschaftlicher Bereiche haben mich schon immer interessiert.

Nach vier Jahren Wartezeit nahm ich ein Studium der Sozialarbeit/Sozialpädagogin an der FH Bielefeld auf. Der Schritt von der Praxis zur Theorie fiel mir nicht leicht. Die sozialen Werte und Normen, die mir über meine Sozialisation und später in meinem Werdegang in der Aufnahmegesellschaft vermittelt wurden, und die erlernten sozialen und kulturellen Lebensmuster erhielten nun im Studium ein theoretisches Fundament. Plötzlich wurden diese gelernten Werte, Normen und Regularien kritisch hinterfragt.

Ich lernte Theorien kennen, die mich die sozialen Verhältnisse aus einem neuen Blickwinkel heraus erkennen ließen, und stellte fest, dass das soziale Gebilde ein Subjekt ist und individuell betrachtet werden sollte, niemals als objektives und allgemeingültiges Faktum. Daraus lernte ich, dass nicht nur eine einzige Kultur existiert und nicht nur eine bestimmte soziale Existenz die richtige und allgemeingültige ist. Mein kritischer Blickwinkel wurde im Studium genau auf diese Denkweise und Herangehensweise gelenkt. Mir wurde bewusst, dass in einer so hochmodernen und fortschrittlichen Bildungsgesellschaft wie der unseren vielfältige kulturelle Lebensorientierungen existieren. Die Menschen können sich in einer solchen demokratischen Gesellschaft für das eine oder das andere entscheiden. Es ist nicht so wie z.B. in fernöstlichen Gesellschaften, wo bestimmte Lebensmuster und Denkmuster von gewissen Instanzen vorgegeben werden. In der Aufnahmegesellschaft stehen den einzelnen Individuen diverse Lebenskonzepte und Werteorientierungen zur Verfügung, zwischen denen sie sich entscheiden können.

Ich selbst bin ebenfalls zwischen zwei Kulturen aufgewachsen. Die Interkulturalität betrachtete ich immer als eine Brücke zwischen zwei Welten, über die ich in die eine und in die andere wandern konnte. Wenn ich in meiner Herkunftskultur in gewisse Konflikte geriet, so fand ich in der Aufnahmegesellschaft Zuflucht und Sicherheit. Geriet ich in der Aufnahmegesellschaft in Schwierigkeiten und Konflikte, so konnte ich Halt und Zuversicht in der eigenen Community finden. Dank dieser Mehrperspektivität bin ich in der Lage, die entsprechenden Themen und Inhalte sowie Werte und Normen aus mehreren Perspektiven zu betrachten.

Die Mehrkulturalität ist für mich eine kulturelle Bereicherung, keine Bedrohung. In meiner Jugend wurde uns lange Zeit von den Erwachsenen gepredigt, uns durch die kulturellen Einflüsse der einheimischen Kultur nicht assimilieren zu lassen. Die fremde Kultur wurde uns als etwas Bedrohliches und Verpöntes vermittelt. Die deutsche Kultur hat meine persönliche Entwicklung jedoch stark beeinflusst. Ihre Werte haben mir dabei geholfen, mich im Bereich von Bildung und Denken frei und fortschrittlich zu entwickeln.

In der Vertiefung meiner philosophischen Fragestellungen über die sozialen Ordnungen und ihre Zusammenhänge sowie über das Weltgeschehen geriet ich während meines Studiums in eine so stressige und unruhige Phase, dass ich im 3. Semester eine einjährige Pause einlegen musste, bis ich mich wieder gefangen hatte. Damals spielte ich sogar mit dem Gedanken, mein Studium ganz abzubrechen. Das Philosophieren über Werte und Norme hatte in den ersten Semestern dazu geführt, dass ich feste gelernte Werte und Einsichten in Zweifel zog. Während meiner Pause sammelte ich

Kräfte und sortierte mich neu. In dieser Phase ermutigte mich meine Frau dazu, mein Studium abzuschließen.

Schließlich stand für mich fest, dass ich weitermachen würde. Meine Fragen und Zweifel nahm ich mit ins Studium und machte dort weiter, wo ich aufgehört hatte. 2003 schloss ich dann das Studium der Sozialpädagogik erfolgreich ab.

Das Studium bedeutete für mich nicht nur einen akademischen Abschluss, sondern war für mich ein Lebensabschnitt, in dem ich mich selbst erfuhr und Antworten auf meine Fragen zum sozialen Geschehen und der Sinnhaftigkeit des Lebens fand.

Mein soziales Engagement und die Begegnung mit verschiedenen Problemlagen der Menschen mit Migrationshintergrund bedeuteten für mich nicht nur, hilfsbedürftige Menschen zu unterstützen, sondern auch eine inhaltliche Auseinandersetzung mit Belastungsfaktoren der sozial schwachen und benachteiligten Menschen. Außerdem bereicherten diese Erfahrungen meine persönlichen und sozialen Kompetenzen. Diese Praxiserfahrungen und mein gruppenspezifisches Wissen konnte ich später im Studium in die theoretische Fundierung einbringen.

Ob in Prüfungssituation oder in Diskussionen: mein Wissenskompetenzen und meine Erfahrungswerte mit Menschen aus sozial benachteiligten und Segregationsverhältnissen wie der Gruppe der Migranten brachten mir immer wieder Vorteile.

In meinem Blockpraktikum bei einem kirchlichen Träger in Bielefeld bekam ich als Neuling und ungefestigter Student Umgang mit psychosozialen Problemen, die mir einen gewissen Stress verursachten. Meine Sichtweise über Kummer und Sorgen der Menschen war nicht differenziert und kritisch genug, so dass ich die Probleme der Menschen mitnahm. Dieses Momentum bedeutete für mich gewissermaßen Stress, der mich in den ersten Semestern erst einmal zu einer Pause zwang.

In diesem Praktikum gerieten meine ethische Ebene und meine Praxisebene miteinander in Konflikt. In diesem Prozess gewann ich meine eigenen Einsichten und Erklärungen, die dann während meines ganzen weiteren Studiums zunehmend zu einer Positionierung und Handlungsmethodik führten. Ich lernte, dass die sozialwissenschaftlichen Theorien Problembeschreibungen und Erklärungen von sozialen Sachverhalten sind. Als Weg habe ich für mich daraus abgeleitet, meine Erklärungen mit den sozialwissenschaftlichen Theorien in Bezug zu bringen.

Ich habe zwar allgemeine Sozialarbeit studiert, aber die Migrationsthemen und die interkulturelle Pädagogik haben mich im Studium durchgehend begleitet und mich dazu bewegt, mich schwerpunktmäßig auf diese Handlungsfelder zu spezialisieren. Dort habe ich auch meine bisherige sozialarbeiterische Tätigkeit ausgeübt.

Bei manchen Trägern und Jugendhilfeinstitutionen werden spezifisches Wissen und Handlungskompetenzen nicht als unumgängliche Kompetenzen anerkannt. Die SozialarbeiterInnen bei diesen Trägern und Institutionen betrachten dies als unmittelbare Konkurrenz zu ihren Angeboten und Handlungskonzepten. Tatsache ist aber, dass diese Träger und ihre Teams personell und konzeptionell auf diese spezifische Handlungskompetenzen angewiesen sind.

Die Zeit meiner Promotion

Kurze Zeit nachdem ich die FH verlassen hatte und praktisch tätig wurde, verspürte ich eine starke Motivation, weiter zu studieren. Der Drang nach einem höheren akademischen Grad war groß, was mich dazu brachte, den Doktorgrad anzustreben.

Im Studium beschäftigte ich mich intensiv mit interkulturellen Ansätzen und Themen. Die wissenschaftliche Thematisierung der Problemlagen von Migranten und ihre Vertiefung reizten mich. Das kam vielleicht auch daher, dass ich bereits umfassende Praxiserfahrungen mitbrachte und zu manchen Themenaspekte nur wenige bzw. kaum wissenschaftliche Forschungen fand. Zu manchen interkulturellen Thematiken und Migration nahm ich mit den Jahren eigene Positionierung und Meinungsperspektiven ein.

In der Jugendhilfe war beispielsweise aus meiner Sicht die Situation der Familien mit Migrationshintergrund zu wenig bzw. noch gar nicht erforscht. Dies betraf insbesondere die Situation der yezidischen Familien als Adressaten in den Hilfen zur Erziehung. Daher entschied ich mich, dieses Thema im Rahmen meiner Dissertation zu erforschen.

An der Universität Bielefeld fand ich dann für die Betreuung der Promotion einen sehr netten und interessierte Doktorvater und Zweitgutachter. Beide betreuten mich über die Jahre fachlich und sachlich sehr gut und zudem sehr freundlich. In den wissenschaftlichen Forschungen über Jugendhilfe und Migration herrscht Konsens darüber, dass es Zugangsbarrieren zu ausländischen Familien gibt, und zwar sowohl auf der Seite der handelnden Sozialarbeiterinnen als auch auf der Seite der Familien selbst. Viele Familien, die sozialpädagogische Unterstützung benötigen, nehmen die staatlichen Hilfen zur Erziehung nicht in Anspruch, weil sie Angst vor einer Assimilierungspolitik bzw. einem Entfremdungsprozess haben. Die interkulturelle Pädagogik, die als Reaktion auf die diskriminierenden ausländerpädagogischen Maßnahmen der früheren Ausländerpädagogik entstanden ist, hat interkulturelle, d.h. anerkennungsorientierte Ansätze in die Jugendhilfe eingeführt.

Ziel dieses Konzepts war und ist die Anerkennung der kulturellen Vielfalt und die Gleichbehandlung aller kulturellen und ethnischen Gruppen in den pädagogischen Institutionen der Jugendhilfe. In den sozialwissenschaftlichen Forschungen der interkulturellen Pädagogik der letzten Jahrzehnte wurde konstatiert, dass die Pädagogen in ihren Handlungsweisen und ihrem Umgang mit Migranten diese diskriminieren.

Für mich war es wichtig, in einer Untersuchung herauszufinden, ob dieser Befund auf alle Migranten zutrifft. Weiterhin strebte ich an, die Barrieren der Migrantenadressaten bei der Inanspruchnahme der pädagogischen Hilfen und Angebote zu beseitigen. Diese Fragen fokussierte ich in meiner wissenschaftlichen Arbeit unter der Hypothese, dass die Jugendhilfe nicht interkulturell ausgerichtet ist, und untersuchte diese Situation am Beispiel der Yeziden als Adressaten in den Hilfen zur Erziehung in der Jugendhilfe der Stadt Celle. Insgesamt dauerte mein Dissertationsprojekt fünf Jahre, nicht zuletzt auch deshalb, weil ich es neben meiner hauptberuflichen Tätigkeit verfolgte. Für mich war es eine schöne Erfahrung, mich mit wissenschaftlichen Methoden und Ansätzen auseinanderzusetzen, die mich zu neuen wissenschaftlichen Erkenntnissen über mein Forschungsthema führten. Mit großer Freude und viel Spaß ging ich nachmittags und in den Abendstunden nach der Arbeit in die Bibliothek der Fakultät für Erziehungswissenschaft der Uni Bielefeld und schrieb an meiner Dissertation. Manche Tage verlängerten sich dadurch bis 23 h.

Die früheren Forschungen zur Interkulturelle Orientierung in der Jugendhilfe forderten von der

Institution Jugendhilfe, sich gegenüber der kulturellen Vielfalt und Differenz zu öffnen und diese mit adäquaten Angeboten und Handlungsansätzen zu fördern. Nimmt man die Struktur der Jugendhilfe in den Fokus, so stellt man fest, dass immer noch keine einheitliche interkulturelle Konzeption zur Förderung der Interkulturalität existiert und nur punktuell und personell individuell interkulturelle Ansätze in der Praxis angewandt werden.

Im Forschungsfeld in der Stadt Celle gehen die Mitarbeiterinnen individuell mit den Anforderungen der Interkulturalität um. Manche, die ein ausreichendes Hintergrundwissen über die Yeziden und Erfahrungen mit ihnen haben, können die alltäglichen beruflichen Herausforderungen gut bewältigen. Andere wiederum, die nicht über diese Kompetenzen und yezidisch spezifisches Wissen verfügen, sind auf die Unterstützung der erfahrenen und yezidischen Sozialarbeiter in der Jugendhilfe angewiesen. Eine kontinuierliche Schulung in interkulturellen Themen gehört immer noch nicht zur festen Struktur der Jugendhilfe in Deutschland.

In den Statistiken über die staatlichen pädagogischen Hilfen zeigt sich, dass zwar die Fallzahlen der Personen mit Migrationshintergrund in den ambulanten Hilfen zur Erziehung leicht gesunken sind, aber die Fallzahlen der Migranten in den stationären Hilfen weiter zunehmen. An dieser Stelle kann man sich fragen, warum ich die Untersuchung in Celle durchgeführt habe und nicht in Bielefeld. Yezidische Familien habe ich deshalb als Zielgruppe ausgewählt, weil die soziale und familiäre Situation der Yeziden bisher noch nicht in einer eigenen Studie erforscht wurde. In der Praxis haben aber viele SozialarbeiterInnen und LehrerInnen mit Problemlagen zu tun, die sie an ihre Grenzen bringen. Bei der Suche nach Lösungsansätzen stehen sie oft allein da, ohne über entsprechende Fachkompetenzen zu verfügen.

Neben OWL sind die Yeziden zahlenmäßig auch in Celle (Niedersachsen) und in Bremen stark vertreten. In der Bielefelder Jugendhilfe gelten sie als eine schwierige und problematische Klientel. Zu ihrer Situation in Bielefeld wurden in den letzten Jahren zwar viele Fachveranstaltungen durchgeführt, um die handelnden PädagogInnen zu schulen, aber an der strukturellen Situation hat sich bisher grundlegend nicht viel verändert. Der Blickwinkel der handelnden PädagogInnen und der Führungsebene liegt bei der Problembearbeitung immer noch zu sehr auf den KlientInnen statt auf der Handlungspraxis und strukturellen Fachebene der Institution. Ich habe versucht, diese Situation in OWL zu erforschen, aber kein Jugendamt hat sich zu einer qualitativen Erhebung bereit erklärt. Sowohl das Bielefelder Jugendamt als auch mehrere Jugendämter der umliegenden Kommunen beantworteten meine Anfrage zur Erhebung negativ. Die Begründungen erschienen mir nichtzutreffend. Das war der Grund, warum ich dann nach Celle auswich. Dort konnte ich das Projekt in guter und konstruktiver Zusammenarbeit durchführen.

2019 habe ich mein Dissertationsprojekt dann erfolgreich abgeschlossen.

Ein anderes bekanntes Problem in den sozial benachteiligten Stadteilen in Bielefeld ist die steigende Jugendkriminalität, die unter anderem durch lange Arbeitslosigkeit und Perspektivlosigkeit begünstigt wird. Zwar laufen im Stadtteil Baumheide Projekte zum Abbau von Langzeitarbeitslosigkeit unter Migrantenjugendlichen, aber wenn man sich die Statistiken anschaut, zeigt sich, dass die Gruppe der arbeitslosen Migranten immer noch auffällig groß ist. Mit Hilfen wie Bewerbungsschreiben und einem Unterstützungsangebot bei der Arbeitssuche wird versucht, Jugendliche mit Migrationshintergrund in Arbeit zu vermitteln.

Viele MigrantInnen aus meiner Generation und der Generation nach mir sind immer noch ohne Perspektive und gehören immer noch zu der Gruppe der Langzeitarbeitslosen. Die Beratungsangebote sind nicht in der Lage, sie in eine feste

Arbeitsstelle bzw. in eine Ausbildung mit einer anschließenden unbefristeten Beschäftigung zu bringen, da ihre persönlichen Probleme manifestiert sind und ihnen gewisse Qualifikationen dafür fehlen. Zu dieser Gruppe kommen immer mehr neue Jugendliche dazu, und das ist eine fatale Entwicklung. Bei der jetzigen Generation sollte alles darangesetzt werden, ihren Mitgliedern zu einer festen beruflichen und schulischen Perspektive zu verhelfen. Da in dieser Gruppe positive Vorbilder für die Kinder fehlen, neigen diese dazu, der Bildung keine Bedeutung beizumessen. Hier sollen die Träger und die politischen Verantwortlichen die Familien, also die Eltern, in der Erziehung der Kinder stärken.

Gewalt unter Jugendlichen gehört in diesen sozial benachteiligten Quartieren zum Alltag. Seit der letzten Flüchtlingswelle wird in den Zeitungen häufiger von den Gewaltakten der Jugendlichen berichtet. Als Anwohner des Stadtteils bekommen wir das im Alltag hautnah mit. Es herrscht eine düstere Stimmung in der Stadteilbevölkerung. In Gesprächen mit Einheimischen, aber auch mit jungen Migranten teilen diese immer wieder mit, dass sie Angst haben, abends allein von der U-Bahn nach Hause oder zur U-Bahn zu gehen. Die Angst bei den Mädchen ist besonders groß. Baumheide ist vielfältig und es leben viele Ethnien in dem Stadtteil. Zwischen den verschiedenen ethnischen Gruppen kam es in den letzten 20 Jahren immer wieder zu bandenartigen Kriegen und Massenschlägereien. Es geht dabei um Rivalitäten und Machtausübung. Als ich selbst noch ein Jugendlicher war, gab es den sog. Black Panter, eine rechtsorientierte und ausländerfeindlich gestimmte Gruppe von deutschen Jugendlichen. Zwischen ihnen und uns ausländischen Jugendlichen kam es gelegentlich zu Schlägereien. Die Migrantenjugendlichen lebten damals in Angst vor diesen rechtsorientierten Jugendlichen. Nach und nach wurde die Gruppe aber von der Polizei aufgelöst. Einige Mitglieder kamen ins Gefängnis, andere sind weggezogen. Auch ältere Menschen wurden im Stadtteil schon einige Male von Jugendlichen überfallen und beraubt.

In diesem Zusammenhang ist hervorzuheben, dass interkulturelle Begegnungsprojekte und Identifikationen dazu beitragen, den sozialen und friedlichen Zusammenhalt im Stadtteil zu stärken. Die politischen Bestrebungen und Einflussnahmen sollten unbedingt in Zukunft ihre programmatischen Handlungen auf die sozialen Ungleichheiten und benachteiligenden Strukturen in den besonders belastetsten Quartieren richten.

Bei den klassischen Volksparteien herrscht noch immer das festgefahrene Bild, dass in Baumheide und anderen Quartieren mit hoher sozialer Belastung keine Armut und damit auch keine Benachteiligung existiert. Linksorientierte und zivilgesellschaftsorientierte Parteien wie die Linke und die Grünen können hier nicht Fuß fassen, da sie keine spezifischen programmatischen Lösungskonzepte für die sozialen Probleme in diesen sozial benachteiligten Quartieren haben. Sie führen lediglich punktuell mit dem Sozialdezernat Projekte durch. Die soziale Entwicklung dieser Stadtteile war den politischen Parteien schon lange bekannt, zumindest durch die sozialen Lageberichte der Verwaltung. Bis heute wurde sie nicht gestoppt oder in eine positive Richtung gelenkt. Die Bevölkerung ist inzwischen frustriert und teilweise sogar politikverdrossen.

Im Stadtteil Baumheide ist die Bevölkerung sogar gleich mehrfach benachteiligt, und diese sozialen Risiken haben sich in der Sozialstruktur fest verankert. Neben den sozialen und finanziellen Problemen der Menschen in Baumheide spielt auch die Umweltverschmutzung für die Menschen in dem Stadtteil und der näheren Umgebung eine beachtliche Rolle. Seit Jahrzehnten wird in Baumheide Müll aus verschiedenen Regionen in Deutschland und anderswo verbrannt. Die durch die Verbrennungsprozesse entstehenden Gase beeinträchtigen die Gesundheit der Anwohner. Im

Stadtteil sind keine neutralen Gutachten bekannt, die das Gegenteil bestätigen. Die Stadteilinitiative, die sich Anfang der 90er Jahre gegründet und versucht hat, mit ihren Aktivitäten auf die Gesundheitsrisiken durch die MVA aufmerksam zu machen, wird von der Bielefelder Politik nicht ernsthaft und bereitwillig unterstützt.

Im Jahr 2019 haben wir im RAT den Bau der Klärwerkanlage neben der MVA in Baumheide verabschiedet. Es wird eine moderne Kläranlage gebaut, in der Klärschlamm verbrannt wird. Durch diesen Prozess werden künftig auch Phosphate und andere giftige Stoffe in die Luft gelangen, die die Gesundheit der Menschen in Baumheide und Umgebung beeinträchtigen. Auch dazu wurde kein Gutachten eingeholt. In unseren Diskussionen in der Grünen Partei brachte ich das Thema ein und versuchte, meine Kolleginnen darauf aufmerksam zu machen, aber vergeblich. Meine Partei unterstützt den Bau der neuen Kläranlage. Das ist eine zusätzliche Belastung für den Stadtteil und das Leben der Familien dort. Die Sorgen und Bedenken der Anwohner wurden bei den politischen Beteiligungsveranstaltungen nicht berücksichtigt.

Die Mehrheit der Menschen in Baumheide war gegen dieses Projekt der neuen Klärwerkanlage. Auch die Stadteilkonferenz in Baumheide schickte ein Papier mit einer Reihe von Forderungen in die politischen Gremien und bat darum, die Sorgen der Menschen in Baumheide ernst zu nehmen und die Risiken für ihre Gesundheit zu berücksichtigen. Ob diese Forderungen in Zukunft umgesetzt werden, bleibt abzuwarten. Mit Sicherheit kann ich sagen, dass wir in unseren Gremien darüber diskutiert haben, aber die Mehrheit war für die Realisierung der Klärwerkanlage. In den nächsten Jahren entsteht eine neue Anlage, in der Klärschlamm aus vielen umliegenden Kommunen und Städten und vielleicht auch weiteren Regionen Deutschlands verbrannt wird.

Bei der letzten Kommunalwahl 2020 und bei der EU-Wahl haben die Bewohner von Baumheide den Parteien einen Denkzettel erteilt. Die Grünen haben in diesen Stadtteilen nur wenige Stimmen bekommen. Als Sieger ging die AFD aus der Wahl hervorgegangen, als eine neue Partei, die nun in Bielefeld Fuß fasst. Viele Wähler gaben als Protest ihre Stimme dieser rechts und ultranationalistisch orientierten Partei. Neben der AFD hat auch die CDU als religiös-konservativ orientierte Partei in Baumheide und Heepen viele Stimmen von den Bewohnern bekommen.

Die Stimmen der Linken und der Grünen sind in den Gremien dieser Bezirke schwach und damit auch ihre politische Macht. Das ist eine Blamage für diese Parteien. Sie sollten sich in den kommenden Jahren die sozialgerechte Gestaltung der sozialen Strukturen in den sozial benachteiligten Stadteilen der Stadt Bielefeld zum Ziel setzen, um dem Leitbild einer basisorientierten Politik zu entsprechen.

Die soziale Lage im Quartier

Das Freizeitzentrum Baumheide ist der Ort des Zusammenlebens, der soziale Mittelpunkt des Stadtteils. In diesem Haus finden regelmäßig soziale und kulturelle Aktivitäten statt. Ein Programm an Bildungsangeboten gehört ebenfalls zum festen Alltag der pädagogischen Arbeit der Einrichtung.

Im Zuge der Zuwanderung haben die integrativen Anforderungen an die Einrichtung und deren pädagogischen Personal in den letzten Jahrzehnten immer mehr zugenommen. Die soziale Situation verlangt vom Personal, Neuzugewanderte im Stadtteil, in der Bielefelder Gesellschaft zu integrieren. Das erfordert entsprechende Kompetenzen und Hilfen. Um die Integration der Zuwanderer im Stadtteil zu unterstützen, werden verschiedene Maßnahmen und Ansätze verfolgt, wie etwa sprachliche Förderung, Förderung der Bildungskompetenzen und sozialräumliche und lebensweltorientierte Ansätze.

Zu meiner Zeit waren neben den Kinder- und Jugendangeboten auch die schulischen und sprachlichen Angebote eine wichtige Unterstützung, auf die einige mir bekannte Migranten und auch ich selbst zurückgegriffen haben. Mit der Zeit sind leider einige von diesen wichtigen Angeboten und Maßnahmen durch die Sparpolitik weggebrochen.

Die soziale und finanzielle Situation der Menschen im Stadtteil verlangt von der Einrichtung, ihnen dabei zu helfen, die sozial benachteiligten Verhältnisse zu bewältigen. Die Beratungsstelle im Haus unterstützt zwar die betroffenen Familien, aber ihre beraterischen, psychologischen, bildungsbezogenen und sozialintegrativen Kompetenzen und Kapazitäten sind unzureichend, um die sozialen Probleme vieler benachteiligter Familien in Baumheide zu lösen. Die Kinder aus diesen Familien sind die Gruppe, die am meisten unter diesen prekären sozialen Verhältnissen leidet. Sie leben in ihren Familien und ihrem sozialen Umfeld in prekären sozialen, finanziellen Lagen und beengten Wohnverhältnissen, die ihre soziale Entwicklung beeinträchtigt. Die Kinder- und Jugendarbeit der Einrichtung ist der Hauptanziehungspunkt für junge Menschen in Baumheide. Kinder und Jugendliche besuchen das FZZ, um dort zu spielen, sich zu erholen oder dort zu lernen. Doch die Interessen und Wünschen der jungen Menschen wandeln sich ständig, sodass die Kinder- und Jugendarbeit sich ständig an die Verschiebung der Interessenlagen anpassen muss.

Mit der Zunahme der Angebote in der Medienwelt und der Digitalisierung sind die Jugendlichen immer mehr in die Medienwelt abgewandert. Internetcafés und Wettbüros zogen viele von ihnen an und wurden für sie ein fester Ort ihrer Freizeit. Dieses Phänomen hat die offene Kinder- und Jugendarbeit durch die Abwanderung ihrer Klientel vor große Herausforderungen gestellt. Der Medienkonsum der Jugendlichen und ihr Abhängen in den Internetcafés haben dazu geführt, dass viele von ihnen die Bildungsangebote der KIJu nicht mehr in Anspruch nehmen, um ihre schulischen und Bildungsprobleme zu beheben.

Der Anteil der SchülerInnen mit niedrigen Schulabschlüssen bzw. ganz ohne Abschluss wird jährlich in den Berichten zur sozialen Lage festgehalten. Der Anteil jener mit hohen Barrieren zum Arbeitsmarkt bzw. zum Ausbildungsmarkt oder völlig ohne Perspektive ist stark auffällig. Derzeit erleben wir eine Pandemie, die die soziale Lage der Familien, die schon durch andere bekannte Risken sozial benachteiligt waren, durch die Pandemiebekämpfungsmaßnahmen zusätzlich verschärft. In diesem Milieu bildet sich wieder eine zunehmend stärker sozial benachteiligte Gruppe aus Familien mit Migrationsgruppen und anderen sozial schwachen Gruppen, die an den Rand der Gesellschaft gedrängt werden. Die Folgen der Pandemiebekämpfungsmaßnahmen sind gerade für sozial beeinträchtigte und bildungsschwache Familien enorm. Die sozial benachteiligten Strukturen im Stadtteil werden durch die Maßnahmen und Auflagen, die die Pandemie bekämpfen, wieder gestärkt.

Viele Familien werden in dieser Situation mit ihren Problemen alleingelassen. Die Pandemie führt zu einer sozialen Umstellung, und diese Familien können sich nicht von allein an die neuen Lebensverhältnisse anpassen. Sie benötigen zunehmend Coaches, die sie bei dem neuen Lebensweltkonzept unterstützen.

Die Nebenwirkungen dieser Pandemiemaßnahmen haben einen negativen Einfluss auf die soziale und schulische Entwicklung der Kinder. Diese erleiden in ihrem Lernprozess Brüche, die sie auf sich allein gestellt nicht kompensieren können. Auch sie benötigen Lerncoaches, vor allem jedoch die entsprechende technische Ausstattung, die viele Familien aus Geldmangel allerdings nicht anschaffen können. Die staatlichen Zuschüsse zur Anschaffung technischer Geräte kommen bei diesen Familien nicht an.

Einen Hauptschwerpunkt in der Offenen Jugendarbeit bildete immer die sogenannte „Randgruppenarbeit“ mit Jugendlichen aus sozial benachteiligten Familien in den „sozialen Brennpunkten“. Neben der sozialen Arbeit mit Randgruppen wie

Obdachlosen, Punks, Flüchtlingen, Langzeitarbeitslosen, SozialhilfeempfängerInnen usw. bilden überwiegend Jugendliche aus den oben genannten Gesellschaftsschichten eine besondere Zielgruppe in der Jugendarbeit.

Die Benachteiligung dieser Gruppen lässt sich nicht durch materielle, soziale, kulturelle, persönliche oder gruppenspezifische und Bildungsmerkmale kennzeichnen. Als Randgruppen abgestempelt, werden große Gruppen von Menschen an den Rand der Gesellschaft gedrängt und von den gesellschaftlichen Gütern ausgeschlossen. Insbesondere Jugendliche, die aus solchen Familien / Gesellschaftsschichten stammen, sind benachteiligt, was sich prekär auf ihre soziale und persönliche Entwicklung auswirkt und zumeist langzeitwirkende Probleme hinterlässt.

Die Kinder- und Jugendarbeit sollte sich wieder auf ihre eigentliche Klientel konzentrieren und sie zusätzlich vergrößern. Um dies zu erreichen, sollte sie sich den aktuellen Problemen der jungen Menschen zuwenden und sie mit adäquaten spezifischen Angeboten individueller, aber auch gruppenspezifischer Art unterstützen. Bildung und Lernangebote sollten dabei während der Pandemie, aber auch in der Zeit danach, zu ihrer kontinuierlichen festen Angebotsstruktur gehören. Hier müssen die Jugendhilfeplanung neu festgeschrieben und die Richtlinien der Kinder- und Jugendarbeit an die neue Situation und ihre Folgen angepasst werden.

Von Bedeutung ist auch die Förderung der sportiven Aktivitäten und der Motorik sowie die Schaffung von motorischer Entspannung, z.B. durch Klettermöglichkeiten und die Anschaffung von Bällen und Matten für Kinder und Jugendliche. In Baumheide herrscht seit längerer Zeit ein Mangel an sportiven Angeboten und Infrastruktur für sportinteressierte Jugendliche. Bewegungsmängel bei Kindern sollten ausgeglichen und die Beweglichkeit unterstützt werden.

Ein weiteres Ziel ist es, die Konzentrationsfähigkeit und das Denkvermögen der Kinder sowie ihre Auseinandersetzung mit der sozialen Umwelt und der eigenen Entwicklung anzuregen. Offene Kinderarbeit sollte zudem die Kinder in ihrer Kreativität fördern und ihnen die Möglichkeit geben, neue Fähigkeiten und Interessen zu entdecken.

Schüler- und Dorfleben

1973 erblickte ich in einem yezidischen Dorf in Südosten der Türkei das Licht der Welt.

Ich stamme aus einer kurdisch-yezidischen Familie. Meine Kindheit verbrachte ich in dem Dorf Kiwex, wo ich auch die Grundschule besuchte. Mit 13 Jahren verließ ich meine Heimat.

1986 brach der Krieg zwischen der kurdischen Freiheitsbewegung und der türkischen Armee aus, der bis heute andauert. Dies war der Grund, weshalb zunehmend mehr kurdische Familien ihre Siedlungen verlassen mussten. Ich kann mich noch daran erinnern, wie in meiner Kindheit die türkischen Soldaten unser Dorf überfielen, unsere Männer auf dem Dorfplatz versammelten und sie aggressiv schlugen. In diesen Kriegsjahren gehörten militärische Operationen und Patrouillen zum Alltag der Dorfbewohner in den kurdischen Gebieten.

Die Repressalien und gewalttätigen Übergriffe der türkischen Armee und der fanatischen Muslime gegen die yezidische Minderheit und Andersgläubige wie die christlich-aramäische Minderheit und die Alawiten nahmen immer mehr zu, so dass viele der Betroffenen in den 80er Jahren aus ihren Dörfern nach Europa flüchteten, hauptsächlich nach Deutschland. Ich kann mich noch gut daran erinnern, wie yezidische Familien damals ihr Hab und Gut verkauften und eilig flüchteten, wobei sie ältere Angehörige allein und einsam zurückließen. Sogar ihre Haus-tiere, die die Flucht der Besitzer spürten und vor Einsamkeit schrien und heulten, ließen sie im Stich. Über die Familien brach eine regelrechte Welle herein, im Familienleben entstanden Unruhe und Unsicherheit. Es war nicht gewiss, wie die Flucht vonstattengehen würde. Der Druck, aus der Heimat zu flüchten und heil in der neuen fremden Heimat anzukommen, war enorm. Die Finanzierung der Flucht setzte die Familien zusätzlich unter Druck; das nötige Geld musste organisiert werden. Mir ist gut in Erinnerung geblieben, dass die Familien meines Dorfes ihr Hab und Gut und ihr gesamtes Vieh in der Kreisstadt Midyad verkauften, um damit ihre Flucht zu finanzieren. In aller Eile wollte man alles, was man besaß, verkaufen, wenn auch zu einem geringen Preis, um schnell die Heimat verlassen zu können.

Bei der Verabschiedung der Familienangehörigen aus dem Dorf sagte man: „Gute Fahrt und auf nie wieder Rückkehr." Diesen Satz habe ich nicht vergessen, der ist in meinem Unterbewusstsein fest verankert. Ich sah, wie die Angehörigen sich sehr schmerzvoll und trauervoll und unter großem Weinen voneinander trennten. Alles nur der

Flucht wegen. Sie begaben sich auf eine Reise in eine ungewisse Zukunft in einer fremden Welt.

Über mehrere Tausend Kilometer flüchteten sie nach Deutschland. Sie reisten mit Bussen von der Kreisstadt nach Istanbul, und von dort aus gelangten sie dann per Flugzeug oder anderem Verkehrsmittel nach Deutschland, in das neue Heimatland.

Damals reiste ich zusammen mit vielen yezidischen Familien mit einem vollen Bus nach Istanbul und von dort flogen wir dann nach Hannover. Ich konnte mir das alles, was auf mich zukam, nicht so wirklich vorstellen. Meine Gedanken über die Flucht bzw. Migration waren trübe, ich ahnte nicht, welche Anforderungen im neuen Land auf mich warteten. Meine Angst war es damals, meinen Eltern, meine Heimat und meine Freunde nie wiederzusehen.

Einer unserer Begleiter sagte damals in Istanbul: „Du gehst jetzt nach Deutschland und bleibst fünf Jahre dort, und dann kehrst du zurück." Dieser Satz gab mir ein Stück Hoffnung. Ich erkannte, dass eine Rückkehr möglich war. Die Leute im Dorf hatten dagegen gesagt: „Geh und komm nie wieder zurück." Meine Vergangenheit gehört zu meiner Biografie. Die herkunftskulturellen Werte und Normen, die ich in meiner Kindheit auf dem Dorf erlebt habe, haben meine persönliche Identitätsentwicklung geprägt. Diese Zeit kann man nicht so einfach vergessen. In den ersten dutzend Jahren im Exil träumte ich noch des Öfteren von meiner Kindheit, von meinem Alltag in der Heimat und natürlich von der Schönheit der Natur in meinem Dorf. Ich vermisste diese stark und fühlte mich ihr im Traum ganz nah.

In Deutschland angekommen

Am 26.6.1986 kam ich in Deutschland an. An jenem Tag war es regnerisch und das Wetter trügerisch. Ich bekam sofort ein ungutes Gefühl, und eine bedrückende Missstimmung stieg in mir auf. Die ersten Fragen schossen mir durch den Kopf: Wie soll ich hier leben, wie werde ich mich hier in diesem fremden, dunklen Land einleben? Aber in der Natur war alles grün. Darüber wunderte ich mich, denn in meiner Heimat werden zu dieser Zeit die ersten Felder und Wiesen schon ein wenig gelblich und trocken.

Mein Onkel, der ebenfalls mit seiner Familie nach Deutschland geflüchtet war, nahm mich bei sich auf. Was für ein Glück! Ich musste nicht ins Flüchtlingsheim, in ein Pflegeheim oder in eine Wohngruppe für minderjährige Flüchtlinge. Damit ich in Deutschland bleiben konnte, wurde für mich ein Asylantrag gestellt, der jedoch lange Zeit nicht positiv entschieden wurde. Mein Onkel übernahm die Vormundschaft für mich und regelte alles Behördliche.

Die Deutschkenntnisse meiner Verwandten waren nicht sehr gut, so dass sie Unterstützung durch einen Dolmetscher in Anspruch nahmen. Unser damaliger Nachbar übersetzte z. B. manchmal Briefe für meinen Onkel.

Die Kinder meines Onkels besuchten eine Kita und sprachen noch nicht so gut deutsch. Sie waren meine Spielpartner, obwohl sie ein paar Jahre jünger waren als ich. Freunde hatte ich in meiner neuen Umgebung noch nicht gefunden, also spielte ich am Anfang immer mit ihnen. Durch sie lernte ich dann die Nachbarkinder kennen, die deutscher Herkunft waren. Auf der Wiese vor dem Haus spielten wir oft Fußball. In der Mittagszeit bekamen wir manchmal Ärger, da damals von 13-15 Mittagsruhe war. Mein erster Eindruck von Deutschen in dieser Zeit war differenziert. Die deutschen Nachbarkinder sahen anders aus, traten anders auf und verhielten sich im Spiel und im Umgang mit anderen Kindern anders als wir. Ich konnte in der Begegnung mit ihnen Differenzen feststellen und verglich immer wieder mein Verhalten mit ihrem. Ich verstand sie noch nicht, mein Cousin dolmetschte für mich.

Eine meiner frühen Erfahrungen war, dass die Nachbarkinder sich einmal übel beschimpften, sich aber deswegen nicht schlugen. Bei uns schlugen sich die Kinder auf Grund solcher Beschimpfungen immer gegenseitig die Köpfe heiß. An solchen Situationen erkannte ich, dass Deutsche anders sind und sich anders verhalten als wir. Im Nachhinein sah ich, dass auch wir anders sein können.

Die ersten deutschen Wörter lernte ich von meinen Cousins und den deutschen Nachbarkindern in den Spielsituationen. Ich stellte mir das Erlernen der deutschen Sprache sehr schwierig vor und fragte mich, ob ich diese Sprache jemals lernen würde. Ich wollte möglichst schnell deutsch sprechen, und mein Traum war, es eines Tages perfekt zu sprechen.

Ein Jahr später kam dann auch mein anderer Cousin und Freund nach Deutschland, mit dem ich in unserem Dorf sehr gerne gespielt hatte. Nachdem wir durch die Flucht getrennt worden waren, kamen wir nun wieder zusammen. Darüber war ich glücklich. Nun konnten wir auch in Deutschland wieder zusammen spielen. Mit ihm kehrte wieder ein Stück Leben und Kindheitserfahrungen zu mir zurück.

Die Tage und Momente, die wir zusammen im Dorf verbracht hatten, wurden wieder lebendig. Eines Tages waren wir zusammen im Wald, brachten die Tiere auf die Weide und sprachen über die Reise nach Deutschland. Wir stellten uns die Reise so vor: Wir würden nach Deutschland gehen und dort mehrere Jahre leben bis zum Erwachsenalter. Wir würden dort heiraten und mit unseren Frauen und Kindern im Geländewagen (Jeep) nach Kurdistan zurückkehren und dort umherreisen, um mit ihnen die Geschichte, die

Schönheit und die Reichtümer unserer Heimat zu erleben. Dieser Traum ist nicht vollständig wahr geworden. Zwar sind wir heute erwachsen, haben geheiratet und unsere Kinder sind groß geworden. Aber die Reise in die Heimat können wir uns unter den derzeitigen politischen Umständen nicht leisten, denn sie ist mit einem hohen Risiko verbunden.

Mit dem Zuzug meines Cousins fühlte ich mich sofort nicht mehr einsam. Wir beide fanden wieder zusammen. Beide waren wir unbegleitet zugezogen. Er lebte bei seinem Bruder und ich bei meinem Onkel, die jeweils für unsere Erziehung zuständig waren.

In dieser Zeit gab es nicht so viele MigrantInnen in unserem Stadtteil Baumheide. Dort lebten nur einige wenige Familien aus unserem Dorf und Heimatland. Unsere Kontakte beschränkten sich damals auf diese Familien und einige andere Freunde, die wir gemeinsam in Baumheide kennengelernt hatten.

Unsere freie Zeit verbrachten wir mit Fußballspielen und Ausgehen. In unserer Jugendzeit meldeten wir uns beim Fußballverein Milse an und spielten Fußball, bis wir allmählich älter wurden.

Neben der Schule kamen wir hier mit der deutschen Gesellschaft in enge Begegnung und lernten immer mehr deutsche Menschen kennen. Beim

Fußball lernten wir zunehmend auch die deutsche Kultur kennen. Unsere deutschen Freunde fragten uns ständig, warum wir nicht nach ihren Gewohnheiten leben könnten. Warum dürfen wir kein Schweinefleisch essen, warum trinken wir keinen Alkohol, warum verbietet unsere Religion gewisse Dinge, warum dürfen wir keine deutschen Freundinnen heiraten usw.

Diese Fragen zielten darauf ab, uns an die deutsche Kultur anzupassen. Wir waren in geschichtlichen und Religionsfragen nicht genug informiert und aufgeklärt. Manchmal empfanden wir diese Fragen als unangenehm, manchmal waren sie für uns überflüssig und manchmal verstanden wir sie als Angriff auf unsere Kultur und Religion. Zwischen unseren deutschen Freunden und uns kam es manchmal zu Diskussionen über kulturelle und religiöse Inhalte, bei denen dann gegenseitige Vorurteile und Abneigungen gegenüber den jeweiligen Kulturen verstärkt wurden. Wir wurden von ihnen als eigenartig und verschieden wahrgenommen. Unser kultureller Hintergrund war ihnen fremd und sie wussten nicht, wie sie damit bzw. mit uns umgehen sollten. Unsere Lebensweise und unser Lebensstil störte sie in ihrer Wahrnehmung und bei den Einheimischen machte sich Angst vor dem Fremden bemerkbar.

Eigentlich waren die Deutschen Ende der 80er und Anfang der 90er Jahre ausländerfreundlich und begegneten uns auch im Alltag mit Respekt und Neugier. Aber als ab Mitte der 90er Jahre die Welle der kurdischen, sri-lankischen und Balkanflüchtlinge nach Deutschland schwappte, wurde die Angst der Einheimischen vor Entfremdung groß und sie reagierten mit Antipathie und Distanz auf die Flüchtlingsgruppen. Ende der 80er Jahre waren unsere deutschen Nachbarn aber sehr zuvorkommend, offen und nett zu uns. Einige Familien, mit denen wir damals in Kontakt waren, besuchten uns regelmäßig. Bis heute besteht der Kontakt mit ihnen weiter, wenn auch nicht mehr regelmäßig.

Mein Cousin und ich suchten beide nach etwas Neuem, denn unsere kulturellen Werte, die wir mitgebracht hatten, waren von ihren Wurzeln getrennt. Manche Werte und Sinneswelten, die uns in der Heimat Orientierung geboten hatten, waren plötzlich nicht mehr real. Im Alltag fehlten sie in der neuen Umgebung, also lebte ich sie in meiner Phantasiewelt. In der Heimat versuchst du, nach deiner gewohnten Weltorientierung zu leben, aber in der Aufnahmegesellschaft ist die Welt eine andere. Die Frage „Wer bin ich, wohin entwickele ich mich?“ begleitete mich im Alltag ständig, ebenso wie auch viele andere yezidische Jugendliche. Wir suchten nach etwas, das uns Halt bieten sollte. Wir fanden auch unter den Deutschen Freunde, aber richtige feste Freundschaften, die in eine langjährige und kontinuierliche Beziehung mündeten, bildeten sich nicht. Diese Freundschaften basierten mehr oder weniger auf dem Fußballspielen und später der Schule.

Wir gingen in jungen Jahren auch zusammen mit Freunden feiern, aber irgendwie fühlten wir uns in der Gruppe fremd und unsicher. Unsere fehlenden Sprachkenntnisse und landeskundlichen sowie mehrheitskulturellen Kenntnisse verstärkten diese Unsicherheit noch.

Mit der Zeit kamen immer mehr Yeziden aus der Heimat nach Deutschland. Viele Familie aus unserem Dorf, also Verwandte, siedelten sich in Bielefeld an. So bildeten wir in Bielefeld, der neuen Welt, eine Community. In der Freizeit kamen wir zusammen und unternahmen gemeinsam etwas. Die Jugendlichen bildeten feste Beziehungen miteinander. Auch in der Schule, im Sportbereich und in der Partywelt kamen wir zusammen. Unsere Verwandtschaftsbeziehungen und Verhältnisse und unsere gemeinsamen herkunftskulturellen Sitten und Bräuche und die Ausübung dieser gemeinsamen kulturellen Orientierungen waren Faktoren, die den Zusammenhalt stärkten. In der Fremde waren wir in Sorge, uns und unsere Kultur und Religion zu verlieren. Deshalb waren die Eltern in der Erziehung und Vermittlung der eigenen kulturellen Werte streng und rigide. Dies erhöhte damals besonders auf die Jugend, also auch auf uns, den Druck. In der Community wurde eine soziale Kontrolle aufgebaut, um die hergebrachten Werte und Normen in der Fremde zu pflegen. So lebten wir in den früheren Jahrzenten in einer eigenen Community und waren in den gemeinschaftlichen Strukturen verhaftet.

In Baumheide bildeten sich in den 90er Jahren nationalistisch orientierte und rechtsdenkende deutsche Gruppierungen wie z. B. die sogenannten Black Panter usw., die bei uns Angst und Sorge auslösten. In Bielefeld gab es damals eine Nazi-Gruppe, gegen die öfters demonstriert wurde. Dieses neue ausländerfeindliche Phänomen löste bei uns, aber auch bei anderen Migrantengruppen ethnisch zentrierte Dynamiken und Gruppenbildungsprozesse aus. In uns wurde eine Angst geweckt, dass diese nationalistischen Kräfte mächtig werden und uns in die Heimat zurückschicken könnten. Die deutschen Asylgesetze und Praxis waren damals restriktiv. Es dauerte lange, bis wir in Deutschland als asylberechtigt anerkannt wurden. Mit der Reisedelegation von Herrn Schnoor, dem damaligen NRW-Innenminister in die Türkei, wurden die Yeziden in Deutschland als verfolgte religiöse Minderheit anerkannt.

Die Jahre davor hatten wir in Angst gelebt, abgeschoben zu werden. Die Zahl der Flüchtlinge aus Kriegsländern nahm immer mehr zu. In Deutschland wuchs der Hass gegen die Ausländer in Deutschland. In manchen Städten wurden Asylheime und Wohnungen in Brand gesteckt. Einige Jahre später wurden Flüchtlinge gezielt von Nazis ermordet.

Dieser Ethnisierungsprozess führte dazu, dass beide Seiten jeweils zwischen „wir" und „die anderen" differenzierten. Dies erstreckte sich über den Lebensalltag und die soziale Ebene der Gesellschaft. In der Begegnung mit deutschen Jugendlichen entstanden Misstrauen und Distanz. Ob im Fußball, in der Schule oder in der Gesellschaft, überall bekam ich zu hören: „Geht dahin zurück, wo ihr hergekommen seid." Zum Glück lernte ich später nette, hilfsbereite Deutsche kennen, die mir halfen, in dieser Gesellschaft anzukommen und meinen Platz einzunehmen.

Anstatt miteinander friedlich zu leben, zog man sich in die eigene Ethnie zurück und kapselte sich von der Mehrheitsgesellschaft ab. Die Differenz- und Distanzierungsprozesse zwischen unserer und der Mehrheitsgesellschaft begegneten mir immer wieder und begleiteten mich auch in späteren Jahren in meinem Integrationsprozess, mit dem ich mich selbst auseinandersetzte.

Schulischer Werdegang, berufliche Karriere und Integrationsprozess

Nachdem ich in der Türkei die Grundschule erfolgreich abgeschlossen hatte, riet mein Klassenlehrer meinem Vater, dafür zu sorgen, dass ich weiterhin zur Schule gehen konnte. Damals wollte mein Vater mich auf einem Internat in der Kreisstadt anmelden. Zum Glück war das aber nicht möglich, weil es sich um ein staatliches, islamorientiertes Internat handelte. Mit Ausbruch des Krieges 1986 floh ich dann nach Deutschland. In Bielefeld angekommen, wurde ich an der Gutenbergschule eingeschult, einer Hauptschule, die damals yezidische Flüchtlingskinder und andere Flüchtlinge und Migranten aufnahm und sich gezielt auf diese Schülerschaft spezialisiert hatte.

Für uns Flüchtlingskinder wurde eine Auffangklasse eingerichtet, in der wir zunächst ein Jahr lang Deutsch lernten. Zusätzlich wurde für uns ein Deutschförderunterricht organisiert. In dieser Klasse befanden sich überwiegend yezidische Kinder. Der damalige Schulleiter, der sich sehr für uns engagierte, unterrichtete uns persönlich in Geschichte und Landeskunde. Eines seiner Lieblingsthemen war damals Rassismus und Ausländerfeindlichkeit, insbesondere die Apartheid in Afrika. Er klärte uns über diese Themen auf. Der

Unterricht mit ihm machte sehr viel Spaß. Er wünschte sich sehr, dass wir schulisch weiterkommen würden, und setzte sich stark für uns ein. Er baute ein gutes, von Sympathie getragenes Verhältnis zu den yezidischen Kindern und ihren Familien auf und schloss sich damals sogar einer kirchlichen Bewegung an, die sich für ein Bleiberecht für Yeziden in Deutschland einsetzte. Er verfolgte unseren Lernprozess, und wenn wir gute Noten bekamen oder unser Deutsch verbesserten, freute er sich riesig. Wenn ich gute Noten schrieb, rief er mich zu sich und lobte mich ausdrücklich.

Nachdem ich meine deutschen Sprachkenntnisse verbessert hatte, wurde ich in die 7. Klasse eingestuft. Die Mehrheit der SchülerInnen in dieser Klasse war deutsch, hinzu kamen einige ausländische SchülerInnen, die in der deutschen Sprache und im Unterricht schon weiter waren als ich.

Bei der Auffangklasse handelt es sich um eine Maßnahme, deren Wurzeln in der Ausländerpädagogik liegen. Damals wurde versucht, die Kinder der Gastarbeiter durch kompensatorische Maßnahmen an die deutsche Kultur anzupassen. Für die schulischen und Verhaltensprobleme, die sich dabei ergaben, wurden die kulturellen Hintergründe verantwortlich gemacht. Die Sprachförderungsmaßnahme und andere Angebote zur Förderung der Angleichung an die Mehrheitsgesellschaft zielten darauf ab, diese Kinder an die Aufnahmegesellschaft anzupassen. Um in der hiesigen Bildungs- und Leistungsgesellschaft eine Chance auf eine berufliche Karriere zu bekommen, wurden Ausländerkinder durch diese assimilatorisch orientierten Maßnahmen unter Druck gesetzt, ihre aus dem Heimatland mitgebrachten kulturellen Werte, die sie geprägt hatten, aufzugeben und dafür deutsche Werte und das entsprechende Normsystem anzunehmen.

Dabei sind Kinder aus Migrantenfamilien in gewisser Hinsicht von heimatlichen Werten geprägt und diese bilden einen bedeutenden Baustein ihrer persönlichen Identität, der nicht so einfach wegzudenken ist. Die ausländerpädagogischen Maßnahmen und Handlungen hatten zur Folge, dass viele SchülerInnen aus ausländischen Familien den Eindruck bekamen, die Chance auf eine gute Bildung und berufliche Zukunft werde ihnen verwehrt. Die in den Folgejahren aufgebauten und institutionalisierten ausländerpädagogischen Strukturen in Erziehungs- und Bildungseinrichtungen führten zur Benachteiligung vieler Ausländerkinder.

In unserer Auffangklasse waren nur yezidische Kinder. Im schulischen Alltag sprachen wir überwiegend Kurdisch miteinander. Das führte dazu, dass wir länger brauchten, bis wir gut Deutsch gelernt hatten und in der Regelklasse integriert wurden. Viele SchülerInnen aus meiner Generation konnten auf Grund schlechter Deutschkenntnissen und Unterrichtleistungen keine aussichtsreichen Abschlüsse erlangen. Eine kleine Gruppe schaffte den Sprung in die Oberstufe, also zum Abitur. Einige wenige von ihnen nahmen anschließend ein Studium auf und schlossen es erfolgreich ab. Viele, die damals zusammen mit uns die Hauptschule besuchten, erfuhren jedoch auf Grund verschiedener Mechanismen im Schulsystem Bildungsbenachteiligung und Chancenungleichheit. Wegen ihrer schlechten Zeugnisse und Leistungen konnten sie auch keine Ausbildung absolvieren. Ich weiß, dass einige von ihnen bis heute im Leistungsbezug sind.

Die Lebensverhältnisse vieler unserer Jugendlichen waren nicht förderlich. Sie lebten lange in Flüchtlingsunterkünften, mit mehreren Personen in ein bis zwei Räumen. Küche, Dusche und Toilette teilten sie sich jeweils. Später bezogen sie kleine Wohnungen mit beengten Räumen. Sie waren es nicht gewöhnt, dass jedes Kind ein eigenes Zimmer hatte, und es gab auch keine Möglichkeit dazu.

In manchen Familien lebten 4 Personen in einem einzigen Zimmer zusammen. In den früheren Jahren waren die Verwandtschaftsbeziehungen und

Kontakte intensiv. Die Verwandten besuchten sich gegenseitig, oft mehrere Male im Monat. Dabei kamen sie aus verschiedenen Städten zusammen und hielten sich mehrere Tage lang in den beengten Räumen auf. Für die Kinder blieb keine Möglichkeit, sich in ein eigenes Zimmer zurückzuziehen, um allein zu spielen bzw. sich auszuruhen. Viele Flüchtlingsfamilien verfügten auch nicht über einen Arbeitsplatz mit entsprechender Ausstattung zum Lernen und für Hausaufgaben. Manche nahmen zudem Verwandte und Freunde, die aus der Heimat zugezogen waren, für einige Zeit bei sich zu Hause auf, und dadurch wurden die Räume noch enger.

Wir Flüchtlinge litten damals unter den fluchtbedingten Belastungen sowie den alltäglichen, räumlichen und soziopolitischen prekären Lebensverhältnissen in der hiesigen Gesellschaft. Diese Lebensumstände wirkten sich zu meiner Zeit in vielen schulbiographischen Prozessen negativ auf die Lernentwicklungen der Jugendlichen aus. Kinder aus Flüchtlingsfamilien standen häufig in der Verantwortung, ihre Familie bei Behördengängen zu begleiten und zu dolmetschen. Unsere Eltern waren damals nicht in der Lage, ihre Behördenangelegenheiten und andere alltägliche Herausforderungen selbstständig zu bewältigen, sondern waren auf unsere Hilfe angewiesen.

Zu der damaligen Zeit waren sie nicht verpflichtet, Deutsch zu lernen, um sich hier besser integrieren zu können. Die Verantwortung dafür übertrug der Staat aber komplett auf unsere Eltern und argumentierte dabei mit der integrationspolitischen Leitlinie, die davon ausging, dass Gastarbeiter nicht dauerhaft hierbleiben, sondern nach einigen Arbeitsjahren wieder in die Heimat zurückkehren würden. Auf Grund dieser desorientierten Integrationspolitik lernten viele Flüchtlinge aus unserer Zeit die deutsche Sprache nur unzureichend und bekamen deshalb auch keine gute Bildung. Darum konnten viele auch ihren Kindern bei der schulischen Entwicklung nicht helfen, sodass die Kinder auf sich allein gestellt waren. In den Kinder- und Jugendzentren und bei einigen anderen sozialen Einrichtungen existierten jedoch Hausaufgabenangebote und Hilfestellungen zur Bewältigung von Integrationsherausforderungen.

Die damalige rückwärtsgewandte und diskriminierende Asylpolitik beschränkte die Ansprüche der Flüchtlinge auf materielle, soziale und erzieherische Hilfen, Integrationshilfen und andere soziale Rechte. Mit der Anerkennung des Asylrechts und des dauerhaften Verbleibs bekam man sozialpolitische Rechte und Chancen. In den 90er Jahren existierte z.B. keine allgemeine Schulpflicht für Kinder aus Flüchtlingsfamilien ohne

Anerkennung und Bleiberecht. Förderfähige Flüchtlingskinder hatten die Möglichkeit, an den Förderangeboten der Wohlfahrtsverbände teilzunehmen, die jedoch mit der Zeit im Zuge der Sparmaßnahmen gekürzt wurden.

In meiner Freizeit nutzte ich damals die Hausaufgabennachhilfe und die Bildungsangebote im FZZ Baumheide, die mich sehr in meinem Bildungsprozess unterstützten. Ich legte schon früh Wert auf meine schulische Zukunft und unternahm alles, um meine Sprachkenntnisse und Lernprozesse zu verbessern. Während meine Freunde ihre Freizeit mit Spiel und Spaß verbrachten, ging ich zur Hausaufgabennachhilfe oder lernte zu Hause. Zwar verbrachte ich auch Freizeit mit meinem Freund, aber meine schulischen Leistungen nahm ich ernst.

Meine Eltern hatten nicht die Chance, in der Heimat einen Bildungsabschluss zu erreichen. Wie viele andere Familien bemühten sie sich tagtäglich darum, nicht an die Armutsgrenze zu geraten. Die Lebens- und Existenzgrundlage unserer Familie bildeten Ackerbau und Viehzucht.

Für yezidische Kinder war es in der Türkei sehr schwierig, im türkischen Schul- und Bildungssystem höhere Bildungsabschlüsse zu erreichen, denn auf Grund ihrer andersartigen Religion wurden sie zum Islam- und Koranunterricht gezwungen. In unserem Dorf gab es zur damaligen Zeit lediglich einen Mann, der ein Lehrerstudium absolviert hatte und später auch an türkischen Schulen tätig war, nämlich der Sohn unseres Dorfvorstehers. Dieser kam über sein Amt schon früh mit den Behörden und dem Bildungssystem in Berührung, erlangte Wissen über das türkische Bildungssystem und maß der Bildung Bedeutung bei. Er unterstützte seinen Sohn auf dem Weg seiner Bildungskarriere. Geboren in einer Gesellschaft am Rande des Bildungssystems, aufgewachsen in einer modernen Bildungsgesellschaft, stand für mich schon ziemlich früh fest, dass ich ebenfalls einen akademischen Bildungsgrad erreichen wollte.

Als ich während meines Integrationsprozesses in den sozialen und Bildungseinrichtungen immer mehr mit gebildeten Menschen und Akademikern in Kontakt kam, wuchs auch mein eigenes Interesse daran, ein hohes Bildungsziel zu erreichen. Diese Leute inspirierten mich und animierten mich zum Studieren. Insbesondere faszinierten mich junge KurdInnen in unserem Verein in Bielefeld, die studierten und deshalb von unserer Gemeinde hoch angesehen und geschätzt wurden. Diese Personen und ihre soziale Rolle nahm ich mir zum Vorbild und identifizierte mich damit. Ich träumte immer wieder davon, auch selbst solch eine erfolgreiche Bildungskarriere zu machen.

Die Gutenbergschule, in die ich im Jahre 1986 eingeschult wurde, war damals ein Typus der ausländerpädagogischen Maßnahme, denn sie nutzte unterschiedliche Unterrichtssysteme. Ein Schwerpunkt lag auf der Integration, besser gesagt, auf der Anpassung der Migrantenkinder an das damals homogen ausgerichtete deutsche Bildungssystem. Die yezidischen SchülerInnen bildeten damals dort eine zahlenmäßig starke Gruppe. Während meiner Schuleingangsphase ging ich mit Angstgefühlen in die deutsche Schule, denn ich hatte große Sorge, dass die LehrerInnen in Deutschland die SchülerInnen schlagen würden, wie es in der Türkei üblich war.

Mein Onkel hatte mir in der ersten Woche 10 DM als Taschengeld mitgegeben, doch etwa einen Monat lang wusste ich nicht, wofür ich es ausgeben sollte. Damals war es mein Glück, dass es an der Schule viele yezidische Schüler gab, an denen ich mich nun stark orientierte. Sie unterstützten mich im Alltag und begleiteten mich. Wir waren immer zusammen: in der Klasse, in der Pause und außerhalb der Schule. Damals fuhr ich zusammen mit einigen Freunden mit der Straßenbahn zur Schule und wieder nach Hause. Diese Gemeinsamkeit erleichterte mir den Einstieg in das neue fremde schulische System und die soziale Lebenswelt.

In den ersten Jahren waren wir YezidInnen an der Schule viel unter uns und redeten überwiegend kurdisch miteinander, sogar in der sogenannten Auffangklasse. Eines Tages war ein Schüler frech zu der Deutschförderlehrerin und erzählte Sprüche auf Kurdisch, die die Klasse zum Lachen brachten. Die Lehrerin konnte das nicht unterbrechen und flippte aus. Es war in der Tat eine Herausforderung, eine ethnisch stark homogen besetzte Gruppe zu unterrichten.

Die Schule, aber auch die LehrerInnen waren auf die Vorstellung fixiert, die Migrantenkinder an die deutschen Werte und Normen und die nationalistisch orientierten schulischen Richtlinien anzupassen. Dabei vergaßen sie jedoch, dass die Neuzugewanderten in ihren ersten Lebensjahren anders sozialisiert worden waren und anderskulturelle Gewohnheiten und Lebensweltorientierungen mit sich brachten, die für sie einen Lebensmaßstab darstellten. Die Lebensverhältnisse und die religiösen und sozio-kulturellen Hintergründe der yezidischen Kinder waren ihnen fremd. Ihnen fehlte Wissen über das Yezidentum. Die yezidischen Kinder wurden als Informanten und Experten ihrer Kultur und Religion wahrgenommen und herangezogen. Sie waren jedoch selbst in yezidischer Geschichte und Religion und Kultur nicht fundiert unterrichtet worden. So verbreitete sich unter den LehrerInnen falsches und vorurteilhaftes Wissen. Manche waren überzeugt, YezidInnen seien Teufelsanbeter, was bei uns die Erinnerung der Unterdrückungspolitik und der Diskriminierungspraxis aus der Heimat wiederbelebte. Wenn wir die Fragen beantworteten, woher wir kämen und wer wir seien, wurde uns auf unsere Antwort oft entgegnet, dass es das kurdische Volk nicht gebe und kein Kurdistan existiere. Dies führte immer wieder zu heftigen Diskussionen und Streitsituation zwischen uns und den LehrerInnen. Deutsche SchülerInnen wiederum fragten uns häufig, warum wir keine deutschen Mädchen als Freundin haben dürfen, kein Schweinefleisch essen dürfen oder keinen Geschlechtsverkehr vor der Ehe haben dürfen. Diese Fragen waren zwar durchaus legitim, aber wir empfanden sie als belästigend.

An der Gutenbergschule gab es noch weitere ethnische Gruppen, z.B. die türkische Gruppe. Mit ihr kam es mehrmals zu heftigen Konflikten bis hin zu Schlägereien, weil die türkischen SchülerInnen uns damals an der Schule als Kurden nicht akzeptierten und uns nicht mochten. Während dieser Zeit war der Krieg zwischen der kurdischen Befreiungsgruppe (PKK) und der türkischen Armee ausgebrochen, der sich immer mehr verschärfte. Das wirkte sich auch auf uns Kinder aus. Die Konflikte aus der Heimat beschäftigten uns und die anderen Gruppen im schulischen Alltag stark.

Zu Hause und durch die Presse bekamen wir genau mit, was in der Heimat geschah, und verfolgten die Geschehnisse. Die Auseinandersetzung damit und mit den politischen Entwicklungen in der Heimat konfrontierte uns mit der Frage unserer Identität. Es kamen Fragen auf, die nach Antworten verlangten. Daher begann ich in den neunziger Jahren, neben der Schule die Frage meiner ethnischen Herkunft und den Ursprung meine Religion zu erforschen. Zum Glück gab es hierzu ein wenig Literatur, derer ich mich bedienen konnte.

Mein ethnisches Identitätsbewusstsein und das Zusammenleben mit der deutschen Kultur halfen mir, mich besser zu integrieren. Das Bewusstsein für meine herkunftskulturellen Werte, die Wertschätzung meiner Kultur und Herkunft bereitete mir den Weg dafür, die Lebenssinnhaftigkeit der deutschen kulturellen Werte zu verstehen und sie zu schätzen.

Die Gutenbergschule wurde damals geschlossen und wir wurden auf andere Hauptschulen in Bielefeld verteilt. Ich wechselte zusammen mit einigen yezidischen Freunden auf die Lutherschule II an der Petristraße. Die Schülerschaft war recht gemischt, der Migrantenanteil aber dennoch hoch.

An der Gutenbergschule wäre ich nach der 9. Klasse in die 10 A gegangen. Damit war ich aber nicht glücklich. Zwar hätte ich nach der 10. Klasse eine gute Ausbildung in einem Handwerksbetrieb absolvieren können, aber das war nicht mein Plan.

An der Lutherschule hatte ich die Chance auf freiwillige Wiederholung der 9. Klasse. Dies nutzte ich, ohne lange zu überlegen. Ich lebte mich in der neuen Schule gut ein und konnte in der neuen Atmosphäre in einer neuen Klasse, mit einer ganz lieben Klassenlehrerin, gute Lernfortschritte machen. Sie engagierte sich sehr für uns yezidische Kinder. Auch nach der Schule standen wir miteinander in einer guten privaten Beziehung. Es machte mir Spaß, zur Schule zu gehen und zu lernen.

Nachdem ich an der neuen Schule die 9. Klasse abgeschlossen hatte, wurde ich in die 10 B versetzt. Dort zählte ich zu den besseren Schülern, die schließlich einen Realschulabschluss mit Qualifikation erlangten. Danach besuchte ich zusammen mit einigen yezidischen Freunden an der Martin-Niemöller-Gesamtschule die 11. Klasse. Mein Ziel war es, dort mein Abitur zu machen.

Doch dann merkte ich, dass der Unterschied zur Hauptschule zu groß war. Zwischen den beiden Lernsystemen lagen Welten. Nach einigen Startschwierigkeiten kam ich aber dann doch mit.

Einer meiner Lehrer an der Gutenbergschule hatte mir damals gesagt, ich würde die 10. Klasse nicht schaffen und solle lieber eine gute Ausbildung machen. Wortwörtlich sagte er: „Dir fehlen die Fremdwörter in der deutschen Sprache, dein Fremdwortschatz ist zu klein.“ Dies provozierte mich, sodass ich unbedingt die 9. Klasse wiederholen wollte, um dann die 10. B. zu schaffen. Das ist mir gelungen. Eines Tages traf ich den Lehrer in der Stadt wieder und erzählte ihm davon. Er war sehr erstaunt darüber, dass ich die 10 .B Klasse geschafft hatte.

Ich habe früh geheiratet, schon mit 19 Jahren. Das kam ganz plötzlich. Früher herrschte bei den yezidischen Familie die Denkweise vor, wenn die Jugendlichen früh heirateten, dann würden sie auch früh lernen, Verantwortung für ihr Leben und ihre Familie zu übernehmen. Dahinter verbarg sich nicht zuletzt auch die Sorge, dass die Jugendlichen außerhalb ihrer Gemeinschaft heiraten würden. Unsere Familien, die sich in der Heimat gut gekannt hatten, brachten uns miteinander in Kontakt, und wir entschieden uns dann, zu heiraten, und gaben uns das Jawort.

Während ich in der 11. Klasse war, war meine Frau mit unserem ersten Kind, einer Tochter, schwanger. Plötzlich stand ich vor der Aufgabe, ein Kind zu erziehen und für die Familie zu sorgen. Das verunsicherte mich in meinem schulischen Werdegang. Der damalige Schuldirektor führte mit mir ein Gespräch zu meinen Fehlzeiten und den Anschlussschwierigkeiten an die 12.Klasse.Abtreibung, Schulwechsel oder Abbruch der Schule gehörten zu seinen Lösungswegen für meine schulischen Überforderungen.

Abbruch

Schon in jungen Jahren war ich sehr an politischen, sozialen und geschichtlichen Themen interessiert. Als Schüler engagierte ich mich ehrenamtlich, indem ich unsere hilfebedürftigen Familien zu den Behörden begleitete. Diese Arbeit machte mir Spaß. Ich war stolz, wenn ich ein Anliegen einer Familie erledigen konnte. Mein Interesse an der sozialen und pädagogischen Arbeit nahm immer mehr zu, sodass ich mich dann schließlich auch für das Studium der Sozialarbeit entschied.

Nachdem ich mein Fachabitur am Berufskolleg absolviert hatte, bewarb ich mich für das Sozialarbeitsstudium. Da mein NC jedoch nicht hoch genug war, stand ich einige Semester lang auf der Warteliste. In dieser Zeit versuchte ich, an der Uni Paderborn BWL und Informatik zu studieren. Für mich stand fest, dass ich Sozialarbeit studieren wollte, aber zuerst musste ich die Wartezeit überbrücken. Nach einigen Wartesemestern bekam ich dann einen Platz an der Fachhochschule Bielefeld und wechselte von der Uni Paderborn nach dort.

In den ersten drei Semestern war es schwer, Orientierung zu finden. Während meines Studiums arbeitete ich im sozialen Bereich, um zum einen sozialarbeiterische Erfahrung zu erwerben und zum anderen ein wenig Geld zu verdienen. Darüber hinaus musste ich mich auch, soweit es ging in die Erziehung der Kinder einbringen und meine Frau unterstützen.

Meine Selbstständigkeit

Nach dem Studium arbeitete ich bei verschiedenen Trägern. Bereits neben der Schule und später auch dem Studium hatte ich mich ehrenamtlich in der Migrationsarbeit und Flüchtlingshilfe engagiert. Auf Grund meiner sprachlichen und kulturellen Kompetenzen wurde ich in der Sozialen Arbeit von Pädagogen bei der Problemlage von Migrantinnen um Rat gebeten. Aber auch bei den Unterstützungsangeboten wurde ich individuell in die Hilfen einbezogen.

Bei der Aufklärung der sozialen und kulturellen Hintergründe und der Erarbeitung von Lösungsansätzen wurden die yezidischen Problemlagen mitberücksichtigt. Meine Zugehörigkeit zu dieser Gruppe hat mich über die Jahre in pädagogischen Einrichtungen und Schulen immer mehr in die Rolle eines Experten der yezidisch-kurdischen Verhältnisse gebracht. Mit einigen Einrichtungen, z.B. mit dem Kirchenkreis, dem IBZ, dem Flüchtlingsrat, mehreren Schulen und KI, veranstalteten wir Veranstaltungen zur Situation der Yeziden in Bielefeld, bei denen ich zum Teil als Redner fungierte. Insbesondere möchte ich ein Projekt an einer Förderschule hervorheben, welches mich in meiner sozialpädagogischen Arbeit mit Jugendlichen festigte. Dort konnte ich die Lehrer und die

Schulsozialarbeiter bei den schulischen und sozialen Verhaltensproblemen der yezidisch-kurdischen Kinder beratend, aber auch sozialarbeiterisch unterstützen. Einige Jahre lang führte ich sportliche Angebote und Lernangebote zur Förderung ihrer schulischen und persönlichen Situation durch.

Ein anderes Projekt, das von den Migrantenjugendlichen gut angenommen wurde, war ein Medien- und Filmprojekt. Der Evangelische Gemeindedienst beschäftigte mich auf Honorarbasis als Projektleiter. Zuvor hatte ich dort bereits als Teilnehmer mitgewirkt. Die Medienarbeit machte mir persönlich viel Spaß und verhalf mir zu mehr Sicherheit in der Kommunikation und in der Öffentlichkeit. Migrantenjugendlichen boten die Medienprojekte eine Chance auf Selbstverwirklichung. Das Highlight war für sie das Video, das sie nach ihren Ideen mit meiner Unterstützung produzierten. Ihre Rollen im Film stärkten ihr Selbstvertrauen erheblich. In den Filmen thematisierten die Jugendlichen migranten- und integrationsspezifische Themen, die sie selbst beschäftigten. Mit Hilfe des Mediums Radio oder Fernsehen / Video konnten sie sich mit diesen Themen auseinandersetzen.

Einige Jahre lang brachten wir bei Kanal 21 ein regelmäßiges Magazin zum Thema Integration und interkulturelles Zusammenleben heraus. Dann wechselte unsere Radiogruppe, die bis dahin Sendungen im Bürgerfunk im Radio Bielefeld gebracht hatte, zum Bürgerfernsehen. Dort produzierten wir eine eigene, regelmäßige Sendung zu verschiedenen Migrationsthemen. Gelegentlich sendeten wir auch zweisprachig, kurdisch und deutsch. Die Motivation für dieses Medienprojekt war hoch. Von unseren Zuschauern erhielten wir immer ein gutes Feedback. Mir persönlich machte die Produktion von Filmen – Kurzfilmen und Kurzdokumentarfilmen – und Reportagen sehr viel Spaß.

In der Mediengruppe (Vekiri TV, später Interkult TV) moderierte ich, schrieb Drehbücher oder fungierte als Filmemacher. Wir arbeiteten mit der Stadt Bielefeld und einigen Schulen zusammen. In Zusammenarbeit mit dem Amt für Integration drehten wir Reportagen zur Integration und zum Zusammenleben der Migranten mit den Einheimischen in Bielefeld. Auf Grund der finanziellen Schwierigkeiten wurde das Bürgerfernsehen in Bielefeld schließlich eingestellt. Als Dialog zwischen verschiedenen Bürgergruppen fehlt es uns sehr.

Gründung meines Unternehmens: Ambulante Familiendienste

Während meiner Aushilfstätigkeiten in diversen pädagogischen Bereichen und meiner sozialpädagogischen Einsätze bei Bethel und einigen anderen Trägern entdeckte ich den Bedarf an Betreuungsarbeit mit Migrantenfamilien. Während des Studiums hatte ich nicht die geringste Ahnung davon gehabt, dass man sich als Sozialarbeiter selbständig machen kann. Nachdem dann jedoch mein Vertrag bei der Stadt Bielefeld, der Rege, gekündigt worden war, entschied ich mich für diesen Weg. Die Umgangsweisen und die Arbeitsumstände dort waren einfach unerträglich und teilweise sogar unwürdig gewesen.

Ich verfasste ein Konzept über die sozialpädagogische Arbeit mit MigrantInnen und reichte es bei der Jugendhilfe der Stadt Bielefeld ein. Damals konnte ich noch nicht einschätzen, wie gut es belegt werden würde, aber ich wusste, dass es in dem Bereich einen entsprechenden Bedarf gab, der noch weiter zunehmen würde. Im Jahre 2009 wagte ich dann den Schritt in die Selbstständigkeit. Die ersten Aufträge bekam ich vom Jugendamt in Bielefeld. Später schloss ich dann Verträge mit Jugendämtern der umliegenden Kommunen ab.

Die Stadt Bielefeld belegte uns nicht gezielt und kontinuierlich, sodass wir auf Aufträge von außen angewiesen waren. Mit der Zeit entwickelte sich daraus eine Orientierung nach außen.

Mit der neuen Flüchtlingswelle 2015 stieg der Bedarf für sozialpädagogische Familienhilfen stark an. Seitdem sind wir stets gut gebucht. Unsere Kooperation mit den umliegenden Jugendämtern ist mittlerweile ein fester Bestandteil unserer Tätigkeit geworden. Das Jugendamt der Stadt Bielefeld belegt uns jedoch nach wie vor nur in geringem Umfang. Von Seiten der Behörde wird uns vorgeworfen, eine Kuschelpädagogik zu betreiben und zudem nur Yeziden zu betreuen und zu unterstützen. Mittlerweile bilden jedoch die Fälle mit nicht-yezidischem Hintergrund die Mehrheit. Mein Team ist interkulturell und mehrsprachig.

Um die Situation in der Zusammenarbeit mit dem Bielefelder Jugendamt zu verbessern, führte ich diverse Gespräche mit den zuständigen Leitern und Abteilungsleitern, sogar eines mit dem Sozialdezernaten, mit dem ich die Probleme im Einzelnen erörterte.

Wir werden bei der Belegung und Beauftragung nicht mit ähnlichen Angeboten gleichberechtigt behandelt. Es gab Fälle, in denen die Eltern sich ausdrücklich uns als Betreuer wünschten, dies aber nicht berücksichtigt wurde. Seit Jahren werden wir von den Abteilungsleitern im Bereich der Hilfen zur Erziehung im Bielefelder Jugendamt bewusst ausgegrenzt.

Heute gehören wir in der Trägerlandschaft von OWL zu den wichtigsten Partnern. Mit unseren Angeboten erreichen wir viele Eltern in der Migrationsgesellschaft. Über Bielefeld hinaus versorgen wir viele Jugendämter im Bereich der ambulanten Hilfen zur Erziehung. Unserer Arbeit kommt eine wichtige und zukunftsfähige Bedeutung zu.

Die ASD-MitarbeiterInnen haben immer wieder Schwierigkeiten damit, AdressatInnen mit Migrationshintergrund mit ihren Maßnahmen und Angeboten zu erreichen. Die Gründe dafür sind ebenso vielfältig wie die Situation der Migrantengruppen. Die Betreuungssituation und das Erreichen der pädagogischen Ziele der Hilfeplanung sind stark mit der psychosozialen Situation und anderen gruppenspezifischen Faktoren der Migranten-Community verwoben, z. B. mit den soziokulturellen Gegebenheiten. Vor allem yezidische KlientInnen gelten in der Jugendhilfe, in den Hilfen zur Erziehung, als eine schwer erreichbare und verschlossene Gruppe.

Bei den KlientInnen aus der yezidischen Gemeinschaft sind ihre Fluchtgründe, ihre Verfolgungsgeschichte und ihre psychosomatischen sowie fluchttraumatischen Erfahrungen eine wichtige Rolle dabei, dass sie in den sozialpädagogischen Hilfen nicht erreicht werden. In vielen Fällen ist die Angst vor den Behörden bzw. vor Beamten aus staatlichen Institutionen ein Grund dafür, dass yezidische Familien sich weigern, die staatlichen Hilfen anzunehmen oder sich dafür zu öffnen. Die fehlenden Erfahrungen von Seiten der ASD-MitarbeiterInnen und fehlende spezifische Kenntnisse über die Hintergründe der Klientel, die einen unsensiblen und inadäquaten Umgang mit den AdressatInnen nach sich ziehen können, verfestigen die Ängste und das Misstrauen bei den Familien.

Neben den allgemeinen Gründen von Zugangsbarrieren für MigrantInnen in der Jugendhilfe gibt es auch spezifische Gründe, wie z. B. die Angst vor der Verfolgung durch Behörden. Sie gehörte früher zum Alltag des Integrationsprozesses der yezidischen Familien, die aus der Türkei nach Deutschland gekommen waren. Ihnen drohte lange Zeit die Abschiebung in ihre Heimatländer, z. B. in die Türkei. Hinzu kommen die schlechten Erfahrungen, die viele von ihnen in den Herkunftsländern gemacht haben: Zum Schutz vor der Zwangsislamisierung mieden Yeziden in der Türkei und anderen islamischen Ländern jahrzehntelang möglichst den Kontakt zu den staatlichen

Behörden und praktizierten ihre Religion und Kultur jenseits der Öffentlichkeit. Die Ausübung ihrer religiösen und kulturellen Sitten und Bräuche fand nur in den eigenen Reihen statt. Bis heute wird die yezidische Religion in diesen Ländern nicht anerkannt und ist damit für Fanatiker immer noch ein Grund, yezidische Familien zu verfolgen.

In der Schule war und ist der Unterricht in der Muttersprache und die Kenntnis der eigenen Religion für Yeziden in den staatlichen Schulen und Erziehungseinrichtungen offiziell nicht anerkannt. Im Gegenteil wurden yezidische Kinder früher in der Türkei in der Schule zum islamischen Koranunterricht gezwungen. Diese Verfolgung führte dazu, dass die Religionsgemeinschaft der Yeziden von der gesellschaftlichen Teilhabe ausgeschlossen war.

In der Begegnung und im Kontakt mit den deutschen Behörden zeigte sich die Gruppe der Yeziden aus der Türkei recht gehemmt und verunsichert, denn aufgrund ihrer schlechten Erfahrungen mit staatlichen Einrichtungen hatten sie Angst, dass auch die deutschen Behörden sie verfolgen und zur Assimilation zwingen könnten. Heute ist die Situation bei den yezidischen Flüchtlingen aus dem Irak und Syrien ähnlich. Die psychischen Belastungen und Traumata, die bei den yezidischen Kindern, Jugendlichen und ihren Eltern zu

Angstzuständen, aggressivem Verhalten, depressiver Stimmung und anderen psychosomatischen Symptomen führen, sind bei der aktuellen Fluchtbewegung der Yeziden weithin bekannt. Die vorurteilsbehaftete Begegnung und fehlende Akzeptanz der yezidischen Religion und Kultur seitens mancher MitarbeiterInnen im Jugendamt schafft einen Raum, in dem diese Mechanismen, etwa Angst und Verschlossenheit, begünstigt bzw. verstärkt werden. Angst ist demnach eine der Hauptbarrieren, die Yeziden daran hindert, sich auf staatliche pädagogische Hilfen einzulassen und diese in Anspruch zu nehmen.

Anhand der Verfolgungsgeschichte der Yeziden wurden Gründe und Erklärungsansätze für ihre Angst vor staatlichen Hilfen durch die ASD-MitarbeiterInnen skizziert. Wie die Geschichte der Yeziden zeigt, befanden sie sich im Nahen Osten auf einer andauernden Flucht. Sie wurden und werden in den islamisch-arabischen Ländern von fanatisierten islamischen Gruppierungen, aber auch von Regierungen (wie z. B. im Irak und der Türkei) verfolgt, diskriminiert und unterdrückt.

Weil die Religion der Yeziden in der Türkei nicht anerkannt war, wurden sie jahrhundertelang als „Gottlose“ beschimpft und diskriminiert. In ihren Pässen trugen die türkischen Behörden offiziell den Vermerk „gottlos“ ein.

Der fehlende Schutz vor gewalttätigen Angriffen und die fehlende Sicherheit seitens der staatlichen Justiz führte dazu, dass die Yeziden ihr Misstrauen und ihre Angst vor den staatlichen Stellen und Beamten verinnerlichten. Yezidische Klienten der älteren Generation, die aus der Türkei stammen, projizierten ihre Behördenangst auf die ASD-MitarbeiterInnen des Jugendamtes.

Aus den Kreisen der neuzugezogenen und geflüchteten Yeziden liegen bei vielen Familien aus dem Irak und Syrien gravierende psychische Belastungssituationen und Traumatisierungserfahrungen vor, die eine Kooperation mit den pädagogischen Hilfen erschweren bzw. unmöglich machen. Die Angst vor möglichen Assimilationsmaßnahmen und eine repressive Intervention seitens der staatlichen Institutionen gehören mit zu den wichtigsten Gründen, weshalb Yeziden sich gegenüber fremden pädagogischen Interventionen und Maßnahmen verschließen. Außerdem sehen sie in dem Eingreifen der staatlichen Behörden die Gefahr, dass ihr gemeinschaftlicher Zusammenhalt gespalten wird und gezielte Reformprozesse gegen ihre Religion und Kultur in Gang gesetzt werden. Die Gemeinschaft der Yeziden sieht ihre Religion im Exil vom Aussterben bedroht und deshalb wehren sie sich gegen jegliche Fremdeinflüsse von außerhalb ihres religiösen und kulturellen Wertesystems.

Pädagogische Hilfen könnten die sozial-emotionale Entwicklung der Kinder aus diesen Familien fördern und sie vor verschiedenen Gefahren schützen, wenn die Eltern dies zulassen würden. In vielen Fällen könnten auch Gefahrensituationen und negative Entwicklungen bis hin zu Kindeswohlgefährdung verhindert werden, wenn die Hilfen zur Erziehung früh genug einsetzen würden.

In der Öffentlichkeit der europäischen Länder sind die Yeziden als religiöse Minderheit mit ihren religiösen sowie kulturellen Traditionen und ihrer Verfolgungsgeschichte sowie den sozialen Rahmenbedingungen in ihren Heimatändern und in der Diaspora relativ unbekannt. Erst mit dem Genozid seitens des IS-Staates im Jahre 2014 wurden sie zu einem weltweiten Gegenstand der öffentlichen Pressearbeit und Berichterstattung. Über ihre Religion und Kultur und Geschichte herrschte aber in Literatur und Öffentlichkeit ein irritierendes und vorurteilsbehaftetes Bild. Auch die handelnden SozialarbeiterInnen in der Bildung und in den Kinder- und Jugendhilfeeinrichtungen nehmen teilweise heute noch eine undifferenzierte Haltung ein; es mangelt an Wissen über die religiösen und kulturellen Hintergründe der Yeziden.

Die Verhaftung in eigenkulturellen Haltungen und Vorstellungen und in klassischen pädagogischen und institutionellen Schemata werden im Handeln der SozialarbeiterInnen und PädagogInnen zum Hindernis in der Arbeit mit MigrantInnen, wie sich am Beispiel der Yeziden deutlich zeigt.

Für die Bewältigung solcher spezifischen Situationen und Herausforderungen bedarf es bei den handelnden SozialarbeiterInnen in der Kinder- und Jugendhilfe kontinuierlicher reflexiv-kritischer Kompetenzen und klientenspezifischen bzw. gruppenspezifischen Wissens.

Im Verhältnis zu den Problemlagen der anderen Migrantengruppen in der Jugendhilfe charakterisierten die ExpertInnen diejenigen der Yeziden als schwieriger.

Die yezidische Gemeinschaft hat in ihrer Geschichte aufgrund ihrer Religion und Kultur diverse Kriege erlebt. In ihren Siedlungsgebieten war sie als andersartige Glaubensgemeinschaft nicht anerkannt und wurde aufgrund ihres nichtmuslimischen Glaubens diskriminiert, verfolgt und bekämpft. Aus Angst vor dem Verlust ihrer religiösen Existenz und um nicht aufzufallen, praktizierten Yeziden ihre kulturellen und religiösen Traditionen lange Zeit im Geheimen.

Auch in der Migration lebt die yezidische Gemeinschaft, besonders die ältere Generation, in strikten und traditionellen Strukturen in yezidisch zentrierten Gemeinschaften innerhalb der Aufnahmegesellschaft. Als Reaktion auf den Assimilationsdruck der staatlichen Hilfen und Institutionen/Behörden verschlossen sie sich früher massiv. Ihre Angst besteht darin, dass sie assimiliert werden und die staatlichen Institutionen in ihre religiös-kulturellen Gegebenheiten und sozialen Systeme intervenieren.

Die Erziehungspraxis vieler Familien mit Migrationshintergrund befindet sich im Spannungsfeld zwischen der herkömmlich-traditionell orientierten Lebenswelt und der westlichen modernen Lebenswelt. Die Eltern dieser Familien werden mit Konflikten konfrontiert, die sie in ihrer Erziehungshandlungsfähigkeit herausfordern. Diese Konflikte entstehen insbesondere zwischen den unterschiedlichen kulturellen Werten und Normen. In den letzten Jahren hatten sie für viele junge Menschen in der yezidische Community tragische Folgen. Bei der älteren Generation ist die verdeckte Zahl der psychisch Beeinträchtigten enorm.

Die Traditionsbildung und Bewahrung der herkunftskulturellen Sitten und Bräuche wird je nach sozialem Milieu und anderen Faktoren, wie etwa der ursprünglichen Sozialisation – z. B., ob diese in der Großstadt oder auf dem Land stattgefunden hat –, dem Bildungsstand, dem sozialen und religiösen Kastenrang und der religiösen Einstellung unterschiedlich praktiziert.

Konventionelle Denkweisen und Einstellungen führen zur verstärkten sozialen Kontrolle durch die Eltern. Dieses Vorgehen sondert Migrantenkinder oft von der Aufnahmegesellschaft ab und behindert sie in der schulischen und sozialen Integration. In der Schule und in der Kita, aber auch in Jugendhilfeeinrichtungen führen solche Ansichten und Praktiken in der frühen Erziehung zu Problemen, die das pädagogische Personal überfordern können.

Kinder und Jugendliche aus Migrantenfamilien sind in ihrem Alltag aufgrund der Anforderungen der bilingualen und bikulturellen Lebensprozess häufig mit multiplen Risikolagen und alltäglichen Belastungssituationen in der Aufnahmegesellschaft konfrontiert, die sie in ihrem schulischen, beruflichen und selbst im persönlichen Werdegang benachteiligen.

Die deutsche Kinder- und Jugendhilfe ist heute mehr denn je gefordert, junge Menschen und ihre Eltern in besonders hohen sozialen Benachteiligungsstrukturen in ihrer sozialen und gesellschaftlichen Entwicklung und bei ihrer Handlungsprozessen zum Ausbrechen aus diesen benachteiligenden Strukturen zu coachen, um persönliche, schulische Biographiebrüche sowie eine Verfestigung in diesen sozialen Strukturen zu verhindern.

Schulische Situation der Migrantenkinder am Beispiel der irakisch-yezidischen Kinder

In den letzten Jahren sind immer mehr Familien aus dem Irak und Syrien nach Deutschland geflüchtet. Es handelt sich überwiegend um yezidische Familien, die vor Repressalien bzw. religionsmotivierten Angriffen seitens der islamisch-fanatischen Kreise (sogenannter islamischer Staat) ihre Heimat verlassen haben. Diese Familien stammen überwiegend aus bildungsfernen bzw. ländlichen Gebieten mit streng archaischen Sozialisationsstrukturen. Sie sind oft kinderreich, und die Kinder aus diesen Familien haben oft nur eine geringe Bildung bzw. sind Analphabeten. Viele kennen auch den Schulalltag gar nicht. Diesen Kindern und Jugendlichen fällt es sehr schwer, sich an hiesige Werte- und Normensystem anzupassen und so ihren Anschluss an die Gesellschaft zu finden.

Die Probleme der Migrantenkinder an deutschen Schulen sind oftmals vielfältig und nehmen laut eingehender Studien stetig zu. Viele dieser Kinder wären durchaus in der Lage, sich eine langfristige Perspektive aufzubauen, wenn sie an den Schulen rechtzeitig nach ihren individuellen Anlagen gefördert und aufgefangen würden. Gleichzeitig müsste die interkulturelle Elternarbeit entsprechend ihrer Erfordernisse aufgebaut werden. Dies ist jedoch nach heutigem Stand der fachlichen und personellen Ausrichtung der deutschen Schulen kaum leistbar. So kommt es dazu, dass Kinder mit Lerndefiziten schnell selektiert und auf Förderschulen geschickt werden, obwohl ihr Potential eigentlich etwas anderes aussagt.

Durch die Migration, die meistens eine Folge von Armut, Krieg, Katastrophen und Verfolgung ist, werden die Familien aus ihrem Heimat- und Kultursystem herausgerissen, was in der Regel mit Verunsicherung und Überforderung in vielfältiger Form einhergeht. Die Familien müssen sich in einem neuen gesellschaftlichen System zurechtfinden, eine neue Sprache lernen und vergangene, manchmal auch traumatische Ereignisse verarbeiten.

Durch das völlig neue Lebensumfeld und die damit einhergehenden soziokulturellen Faktoren (mangelnde Sprachkenntnisse, beengte Wohnverhältnisse, Geldknappheit, traditionelle Erziehungsvorstellungen der Eltern, andere Bildungs- und Erziehungsschwerpunkte der neuen Heimat etc.) dringen vielfältige Anforderungen auf die Heranwachsenden ein, die für sie allein nur schwer zu bewältigen sind.

Migrantenkinder erreichen im Gegensatz zu deutschen Kindern seltener höherqualifizierte Bildungsabschlüsse und verlassen die Schule häufiger ohne Abschluss, was wiederum schlechtere Chancen auf dem Arbeits- und Ausbildungsmarkt sowie im gesamten Lebensbereich nach sich zieht.

Das schulische System ist nach derzeitigem Stand allein leider nicht in der Lage, den vielfältigen Problemlagen entgegenzuwirken. Meiner Einschätzung nach bedarf es dringend Unterstützung und Nachbesserung in den Bereichen pädagogische und soziale Begleitung für schwierige und auffällige SchülerInnen mit Migrationshintergrund.

Eine nachhaltige Verbesserung der Situation kann nach meiner Auffassung nur durch gezielte sozialpädagogische Begleitung im schulischen Umfeld der betroffenen SchülerInnen erfolgen. Zum einen geht es darum, Lehrer zu entlasten und zu unterstützen (u. a. auch durch Aufklärungsarbeit über kulturelle Hintergründe der Migrantenschüler, Hilfe bei Sprachbarrieren etc.) und zum anderen ist es notwendig, betroffene SchülerInnen zu stärken (intensives Coaching im Bereich der sozialen Kompetenzen, Stärkung der eigenen Identität, Entwicklung von Ressourcen, Wertevermittlung und ***Soziales Lernen***, Verbesserung der Sprach- und Schreibfähigkeit, Erlernen neuer Verhaltensstrategien etc.).

Ebenso müssen insbesondere die Eltern yezidischer SchülerInnen an diesem Prozess beteiligt werden, um dem gesamten Lebensumfeld der SchülerInnen mit Migrationshintergrund zu entsprechen. Meiner Ansicht nach ist es wichtig, die individuellen Sozialisationsbedingungen (Migrationsgeschichte, Unterschiede nach nationaler Herkunft, Wohnkontext, Bildungshintergrund der Eltern etc.) zu beachten, um im Austausch mit den Eltern ein umfassendes Bild vom Bildungsprozess, den Voraussetzungen und den Schwierigkeiten der Kinder zu erarbeiten. Dabei sollten traditionalistische, wertorientierte sowie religiöse Hintergründe beachtet und allgemein als Potenzial und Ausgangspunkte für Dialoge zwischen Elternhäusern und Schule angesehen werden.

Eine nachhaltige Verbesserung der schulischen sowie gesamten Lebenssituation der SchülerInnen mit Migrationshintergrund, wie am Beispiel der Yeziden, kann nur erreicht werden, wenn das System Schule bereit ist, nachzubessern und Lehrkörper, SchülerInnen, Eltern und SchulsozialarbeiterInnen miteinander mittels sinnvoller Konzepte gemeinsam in den Dialog treten.

Soziale Lagen und Integrationsprobleme der Yeziden in der Aufnahmegesellschaft

Grundsätzlich kann gesagt werden, dass die Auswanderung der Yeziden aus ihrer ursprünglichen Heimat nach Deutschland viele Risiken, aber auch viele Chancen für die yezidische Gesellschaft mit sich gebracht hat. Die yezidische Gesellschaft hat nach Jahrhunderten der Verfolgung, der Diskriminierung und der Zwangsislamisierung wieder die Chance, sich in Deutschland frei zu entwickeln. Dieser Entwicklung ist aber mit vielen Risiken verbunden. Die yezidische Gesellschaft löst sich langsam von ihren klassischen Traditionen ab. Aber den Anschluss an die moderne deutsche Gesellschaft hat sie noch nicht erreicht. Das heißt, sie befindet sich an der Schwelle zwischen traditionellen und modernen Lebenswelten. Es gibt extreme Neigungen in beide Richtungen. Die ältere Generation neigt eher zur traditionellen Lebenswelt, von der neuen Generation wird diese hingegen ganz abgelehnt und es besteht eine Neigung zur modernen Lebenswelt. Beide Positionen sind aber nicht im Sinne der yezidischen Gesellschaft. Die yezidische Gesellschaft braucht eine geordnete Entwicklung, um sich überhaupt behaupten zu können. Denn das Festhalten der älteren Generation verursacht bei der jüngeren Generation Antipathie gegenüber der Tradition und führt dazu, dass die jüngere Generation ganz mit ihr bricht. In der modernen deutschen Gesellschaft ist die junge Generation jedoch oft überfordert, so dass viele nicht den Anschluss an die moderne Gesellschaft schaffen. Die Jugendlichen leben in Zwischenwelten. Deswegen scheitern auch viele im Leben und finden sich in einer Randgruppe wieder. Infolge des einsetzenden sozialen Wandels löst sich die alte Struktur der Yezidengemeinschaft in der Diaspora zunehmend auf. Im Spannungsverhältnis der sich ausweitenden Globalisierung und des Partikularismus formen sich die ständischen Gesellschaftsverhältnisse um; an ihre Stelle sind die Verhältnisse der stark kapitalistischen und hoch industrialisierten Gesellschaft getreten. Dieses Phänomen des Schwellenzustandes soll hier als Übergangszustand verstanden werden. Er ist einerseits durch ständigen Wandel gekennzeichnet und kann andererseits als Zustand mit eigenen Normen bzw. Maßstäben angesehen werden. Solange die Yeziden diesen Schwellenzustand nicht überwunden haben, befinden sie sich in einer Risikogesellschaft. Die bisherigen Strukturen sind nicht mehr deutlich erkennbar, da z.B. die yezidische Gemeinschaft verstreut und zwischen der alten und der neuen Generation gespalten ist. Neue soziale Strukturen haben sich in der yezidischen Gesellschaft noch nicht vollständig etabliert. Dieser Wandlungsprozess von Auflösung und Neubildung ist direkt mit dem Prozess der Integration in die Aufnahmegesellschaft verbunden. Unter ungleichen Austauschbedingungen und Fördermaßnahmen kann die dem Verhältnis von Integration und Differenzierung immanente Dynamik einen einseitigen Entwicklungsprozess in Gang setzen. Es ist davon auszugehen, dass dann aus dem gestörten Gleichgewicht ein Verhältnis von Absorbierung und Widerstand entsteht. Die Gemeinschaft der Yeziden orientiert sich an Normen und Werten der Aufnahmegesellschaft, bemüht sich aber auch, ihre Herkunftskultur nicht ganz aufzugeben.

Rahmenbedingungen/Problemstellung im Exil

Als Yeziden oder Jesiden werden Menschen bezeichnet, die einer pazifistisch-monotheistischen Religion angehören, die Einflüsse aus verschiedenen Kulturen und Religionen in sich aufgenommen hat. Diese religiöse Ausprägung ist ausschließlich unter den Kurden zu finden, die vor allem im Irak, der Türkei, in Syrien und dem Iran verbreitet waren.

In den letzten 30 Jahren haben die Yeziden aufgrund von Diskriminierung, Unterdrückung und Verfolgung in großen Auswanderungswellen die Türkei verlassen. Heute leben dort nur noch wenige hundert Yeziden, überwiegend ältere Menschen.

In Deutschland leben schätzungsweise 80.000 Yeziden, vorwiegend in den Bundesländern Niedersachsen und Nordrhein-Westfalen, wo sie häufig größere Gemeinden bilden. Insbesondere in Bielefeld, Hannover, Oldenburg, Celle, Halle (Westfalen), Emmerich am Rhein und Kalkar haben sie sich angesiedelt. Die Repressionen trieben sie besonders in den 1980ern zur Flucht nach Deutschland, insbesondere aus der Türkei.

Trotz des langen Aufenthaltes der 1. Generation und des Aufwachsens der 2. und 3. Generationen in Deutschland konnten sich viele MigrantInnen noch nicht in die Aufnahmegesellschaft integrieren, was viele verschiedene Ursachen hat und Probleme sozialer wie psychischer Natur mit sich bringt.

In der kurdisch-yezidischen Bevölkerung lassen sich folgende Problembereiche ausmachen, die eng miteinander verbunden sind und in den meisten Fällen zu einem „Problembündel" heranwachsen, das von den Betroffenen nicht ohne Hilfe gelöst werden kann:

- Soziokulturelle Konflikte
- Entfremdung und Entwurzelung von der Herkunftskultur
- Sprache, Analphabetismus und Bildung
- Erziehung und Familie
- Arbeitslosigkeit, Drogen und Kriminalität
- Schulische Probleme der Kinder

Soziokulturelle Konflikte

Von MigrantInnen wird verlangt, dass sie sich aktiv am Integrationsprozess beteiligen. Dabei ist jedoch zu beachten, dass Integration ein zweiseitiger Prozess ist, der bestimmte Kompetenzen und Fähigkeiten erfordert, die erlernt werden müssen.

Dadurch aber, dass diese Integrationskompetenzen, Kenntnisse des politischen Systems der BRD und oftmals auch die deutsche Sprache auf der einen Seite und Verständnis und Handlungskompetenzen zu einer gelungenen Aufnahme auf der anderen Seite fehlen, sehen sich MigrantInnen oftmals unüberwindbaren Hürden gegenüber. Der Prozess der Integration ist deshalb erschwert oder fast unmöglich.

Die Folgen der fehlenden Integration sind vielfältig und bilden den eigentlichen Ausgangspunkt für familieninterne Krisen und Konflikte mit der Aufnahmegesellschaft.

In der Herkunftskultur wurden einerseits Problemlösungsstrategien erlernt, die mit den Strukturen der Aufnahmegesellschaft oftmals nicht korrespondieren. Andererseits fehlen Umgangsformen und -techniken, die in dem Gesellschaftssystem der BRD greifen und eine gute Entwicklung ermöglichen.

Häufig führen diese Defizite auf beiden Seiten zu Verunsicherungen und Hilflosigkeit.

Entfremdung und Entwurzelung von der Herkunftskultur

Da Menschen in jeder Kultur in ein Werte- und Normensystem eingebettet sind, werden sie dementsprechend auch nach bestimmten gesellschaftlichen Mustern und gesellschaftlichen Regeln in einem ganz bestimmten sozialen Kontext sozialisiert.

Bei einer Auswanderung aus dem bekannten kulturellen Kontext hinein in einen unbekannten kulturellen Kontext entsteht zunächst eine Verunsicherung, die zu Rückzug und Abgrenzung gegenüber der aufnehmenden Kultur führt. Die Öffnung gegenüber der Aufnahmegesellschaft wird insoweit gehemmt, wie diese Gesellschaft sich ebenfalls von der eingewanderten Kultur abgrenzt, was oftmals als Ausgrenzung erlebt wird. So sind im Laufe der Zeit in Deutschland verschiedene kulturelle Bereiche entstanden, die sich nur schwer für die jeweils andere Kultur zu öffnen vermögen. Die 1. Generation der yezidisch-kurdischen Bevölkerung ist auch heute noch gedanklich größtenteils in der Lebenswelt und den Strukturen des Heimatlandes verhaftet. Das Aufrechterhalten dieses Werte- und Normensystems lastet schwer auf den nachfolgenden Generationen dieser Familien, die in Deutschland aufgewachsen und sehr von der deutschen Kultur geprägt sind. Aber auch die Folgegenerationen sind nicht wirklich gut integriert, da sie die deutsche Sprache nur ungenügend beherrschen und ihnen im Elternhaus neben der kurdischen Muttersprache auch die Werte und Normen vermittelt werden, die die 1. Generation in ihrem Heimatland erlernt hat.

Diese Generationen müssen mit den Anforderungen leben, sowohl deutsche als auch yezidisch-kurdische Sozialisationsanteile in sich zu tragen. Da das jeweils Fremde in beiden Kulturen auf Ablehnung stößt, führt dies häufig zu Konflikten, die für diese Menschen so nicht lösbar sind.

Sprache, Analphabetismus und Bildung

In der kurdisch-yezidischen Bevölkerungsgruppe in Deutschland lässt sich ein hoher Anteil an Analphabeten und Menschen mit sehr geringen Kenntnissen der deutschen Sprache ausmachen. Eine gute Sprachausbildung und Alphabetisierung bilden jedoch die Grundlagen für Wissensaneignung, Bildung und letztlich auch für das Kennenlernen der deutschen Gesellschaft und ihrer Struktur sowie den Integrationsprozess. Schwierigkeiten aufgrund fehlender Kenntnisse lassen sich auf allen Ebenen des deutschen Gesellschaftssystems ausmachen, etwa im politischen, kulturellen, ökonomischen und sozialen Bereich. Wenn die Folgegenerationen das deutsche Bildungssystem durchlaufen, wird das Konfliktpotenzial noch zusätzlich verstärkt.

Ein Austausch zwischen Eltern und LehrerInnen kommt meistens aufgrund fehlender Sprachkenntnisse nicht zustande und bei den Kindern führen die mangelnden Sprachkenntnisse zu Schulproblemen. Auf beiden Seiten besteht also ein großer Bedarf an Aufklärung.

In den früheren 90er Jahren war der Erwerb der deutschen Sprache für Neuzugewanderte keine Pflicht. Die Teilnahme an einem Deutschkurs war freiwillig. Viele Eltern präferierten die Arbeit, um

Geld zu verdienen. Ihnen saß ständig die Angst im Nacken, abgeschoben zu werden. Mit ihren Ersparnissen könnten sie sich in diesem Fall in der Heimat wieder eine Zukunft aufbauen.

Mit der Anerkennung des Gruppenasylrechts für Yeziden nahm auch das Interesse an einer Zukunft und einem dauerhaften Leben in Deutschland zu. Nun legten die Eltern Wert auf einen Bildungserfolg ihrer Kinder in Deutschland. Viele Kinder aus dieser 1. und 2. Generation erwarben höhere akademische Abschlüsse. Die Akademikerschicht in der yezidischen Gesellschaft wird allmählich immer größer. Es wächst eine neue Generation heran.

Endlich erkannten und ergriffen junge YezidInnen die Chance, sich in einer neuen Gesellschaft durch Bildung zu integrieren und dazuzugehören. Für mich persönlich war Bildung der Schlüssel zu meiner beruflichen Karriere und meinem sozialen Aufstieg. Heute kann ich meine erworbenen Wissenskompetenzen in beiden Gesellschaften zur Anwendung bringen und Menschen in beiden Gesellschaften in schwierigen Problemlagen unterstützen.

Arbeitslosigkeit, Drogen/Alkohol und Kriminalität

Die fehlende Bildung und Sprache erschwerten vielen Menschen den Zugang zum deutschen Arbeitsmarkt. Viele sind langzeitarbeitslos und leben vom ALG-II-Bezug. Dies impliziert natürlich auch häufig einen Kreislauf, der von Armut, Ausgrenzung, Diskriminierung, Drogen/Alkohol, Gewalt und Kriminalität geprägt ist. In den Statistiken zur Arbeitslosigkeit in unserer Stadt belegen die Migrantinnen die oberen Ränge. Insbesondere die Zahl der yezidischen Langzeitarbeitslosen ist enorm. Das Sozialdezernat hat speziell einige Projekte ins Leben gerufen, um die Langzeitarbeitslosigkeit in dieser Gruppe zu reduzieren. Aus meiner Sicht hatte das Projekt jedoch keine nennenswerten Erfolge vorzuweisen.

Unter diesen Langzeitarbeitslosen befinden sich viele kinderreichen Familien. Die Väter sind wenig motiviert, eine Tätigkeit auszuüben, denn sie sind der Überzeugung, dass sie mit dem Gehalt für ihre Arbeit ihre großen Familien nicht ernähren können. Zusätzlich müssen sie ergänzende Leistungen beziehen. Unter den Langzeitarbeitslosen sind auch viele junge Menschen aus schwierigen Familienverhältnissen. Weil ihnen früher sowohl in den Familien als auch in den Schulen eine adäquate Unterstützung fehlte, sind sie im Schulsystem ohne Perspektive geblieben und haben es schwer, auf dem Arbeitsmarkt eine feste Stelle bzw. eine Chance auf eine Ausbildung zu bekommen.

Nach meinem Kenntnisstand und meinen beruflichen Erfahrungen hat der Anteil der kriminellen Jugendlichen und jungen Erwachsenen in der yezidischen Community in den letzten Jahren zugenommen. Um dieser Entwicklung entgegenzutreten, benötigen diese Jugendlichen Lerncoachs und Sozialarbeiter, die sie individuell unterstützen, um ihre Chance auf eine berufliche Perspektive zu erhöhen. In einigen Fällen, die ich betreut habe, gab es Jugendliche, bei denen der unreflektierte und undifferenzierte pädagogische Umgang zur Folge hatte, dass sie ihre Chance auf eine erfolgreiche und perspektivreiche Bildung verpasst haben. Vor der Inklusion wurden z.B. Migrantenkinder auf die Förderschule geschickt, weil ihre Deutschkenntnisse schlecht waren oder sie aus bildungsfernen Verhältnissen stammten und nicht in der Lage waren, diszipliniert zu lernen, oder auch, weil sie nicht gelernt hatten, sich strikt an Regeln zu halten oder Ordnung bzw. Disziplin einzuhalten. Anstatt diese Kinder individuell mit sozialpädagogischen Angeboten in der Regelschule zu unterstützen, wurden sie lieber abgeschoben.

Yeziden in der Jugendhilfe

Die MitarbeiterInnen des Jugendamtes stehen immer wieder vor der Herausforderung, die kurdischen KlientInnen durch ihre sozialpädagogischen Maßnahmen und Angebote zu erreichen. Die Gründe dafür sind vielfältig, ebenso wie die Situation der kurdischen Gruppen. Aus ethnischer und religiöser Hinsicht ist die soziale Struktur in der kurdischen Gemeinschaft sehr heterogen. Die Betreuungssituation und ein erfolgreiches pädagogisches Handeln im Hinblick auf die HPG-Ziele hängen in kurdischen Familien oft mit der psychosozialen Situation und anderen sozialen Aspekten zusammen, z. B. soziokultureller Art.

In der Jugendhilfe bzw. in den Hilfen zur Erziehung gelten kurdische KlientInnen oft als eine sehr verschlossene und damit schwer erreichbare Gruppe. Die Gründe dafür sind vielfältig. Einige Hauptgründe dafür wurden oben bereits erörtert.

Integration in Zeiten der Pandemie
MigrantInnen in der Pandemie

Die ersten Studien und Befunde der Sozialforschung zum Thema Corona kamen zu dem Ergebnis, dass MigrantInnen zu der Gruppe derjenigen gehören, die am meisten unter den Folgen und Maßnahmen der gegenwärtigen Pandemie leiden. Aus sozialpsychologischer Sicht werden sie von der Mehrheitsbevölkerung als Sündenbock betrachtet und als besonders Verantwortliche für die Ausbreitung des Virus in Deutschland wahrgenommen. Konkret heißt es, Migranten brächen die Corona-Regeln, indem sie ihre Sitten und Bräuche sowie ihr Gemeinschaftsleben ausleben, und sorgten durch ihr Fehlverhalten dafür, dass sich das Infektionsgeschehen sowohl innerhalb als auch außerhalb ihrer Community weiterverbreitet. Von manchen Politikern aus dem rechten Lager und konservativ orientierten Parteien werden Menschen mit Migrationshintergrund sogar als Verursacher der Pandemie wahrgenommen. Die Pandemiebekämpfungsmaßnahmen und Vorschriften treffen gerade viele Migrantenfamilien in ihrem Alltagsleben hart.

Moderne Gesellschaften sind einem stetigen sozialen Wandlungsprozess unterzogen. Vor Corona war unsere Gesellschaft in einem erhöhten Maße mit den Folgen der Migrationsbewegung befasst. Seit Ausbruch der Pandemie werden alle Menschen direkt mit der Bewältigung von deren Folgen konfrontiert. In diesem Kontext geht es darum, den schwierigen und risikoreichen Alltag zu bewältigen.

Derzeit befinden wir uns alle in einem systemischen Wandel, welcher unser Leben zunehmend beeinflusst und verändert. Ein neues Gesellschaftssystem entsteht, das für die Mitglieder unserer Gesellschaft neue Normen und Werte mit sich bringt. Dies verlangt von uns eine Umstellung unserer Lebensgewohnheiten und schränkt uns in unserem gewohnten sozialen Leben ein. Es geht hier also um die Frage: Wie können MigrantInnen in eine sich neu konstituierende Gesellschaftssystem integriert und bei der Bewältigung ihrer sozialen Herausforderungen unterstützt werden?

Die Veränderungsprozesse, die durch die Pandemie in Gang gesetzt wurden, berühren die Strukturen der Familien und somit auch den Alltag der Familienmitglieder. Von MigrantInnen wird in diesem neuen konstituierenden Gesellschaftssystem eine Anpassung und Integrität verlangt. Es fällt ihnen oft nicht leicht, ihr Leben unter den Bedingungen der Pandemie zu verändern und neu zu organisieren. Zu diesem Zweck sind bestimmte Kompetenzen und Bewältigungsstrategien erforderlich. Menschen aus fernen Bildungsschichten haben es jedoch schwer, die Mittel und Angebote in Anspruch zu nehmen, die zur Bewältigung der Pandemieherausforderungen zur Verfügung stehen. Sie können z. B. oft die medialen Möglichkeiten nicht nutzen, da sie nicht über entsprechende Medienkonzepte verfügen. In der Migrationsgesellschaft erfahren diese Menschen eine Benachteiligung, die wiederum ihre Integration und die soziale Entwicklung ihrer Kinder beeinträchtigt.

Viele Familien werden mit ihren Problemen und Herausforderungen in der Pandemiezeit allein gelassen und es fällt ihnen schwer, sie selbstständig zu bewältigen. Die sozialen Dienste, die sie sonst unterstützen, haben im Rahmen der Bekämpfungsmaßnahmen und Hygieneauflagen ihren Regelbetrieb heruntergefahren und können ihre Hilfen derzeit nur noch per Termin und in eingeschränktem Umfang leisten. Auf Grund des hohen Beratungs- und Unterstützungsbedarfs müssen Betroffene eine gewisse Zeit auf ihren Termin warten. Behörden arbeiten zudem nur mit Terminvergabe, und oft dauert es eine Weile, bis sie z.B. einen Antrag bearbeiten können. Beim Jobcenter ist die Situation besonders kompliziert geworden. Die Anträge der ALG-BezieherInnen werden pandemiebedingt verspätet bearbeitet, so dass die KlientInnen in manchen Fällen ihre Leistungen zu spät bekommen, oft erst nach 2-3 Monaten. Dadurch geraten gerade Familien mit Kindern leicht in finanzielle Schwierigkeiten.

Schwerpunktmäßig wirken sich die Pandemiefolgen vor allem auf folgende Bereiche des Alltagslebens der Familien aus:

Familienalltag und Organisation

Vor der Pandemie war der Familienalltag von MigrantInnen durch diverse Integrationsleistungen und den Arbeitsalltag meist verhältnismäßig gut organisiert. Die Kinder waren in der Schule und in der Kita gut versorgt, und die Eltern waren meist an eine regelmäßige Sprachschule angebunden. Familienangelegenheiten bei Behörden konnten mit Hilfe der sozialen Dienste und ehrenamtlichen Kräfte durch zumindest einen Elternteil rechtzeitig bewältigt werden.

Durch die Pandemie wurden die sozialen Kontakte auf den engsten Familienkreis eingeschränkt. Für die Eltern ergaben sich durch die verschärften Lockdownbedingungen Probleme bei der Kinderbetreuung. Zusammen mit der beengten Wohnraumsituation wurden sie dadurch vor erheblich belastende Herausforderungen gestellt.

Hinzu kamen finanzielle Schwierigkeiten. Laut der Statistik der ALG-II-Bezieher nehmen MigrantInnen hier die oberen Ränge ein, darunter viele kinderreichen Familien, die oft direkt oder indirekt von Armut betroffen sind.

Die Pandemiemaßnahmen erforderten die Schließung vieler Betriebe, und dies betraf auch solche, die MigrantInnen beschäftigten. Diese arbeiten meist in Betrieben im Niedriglohnsektor.

Durch die Schließung der Firmen verloren sie ihre Arbeitsstelle und wurden entweder arbeitslos oder gerieten in Kurzarbeit. Auch viele der insolvent gegangenen Betriebe wurden von MigrantInnen geführt, z.B. im Gastronomiebereich und der Lebensmittelherstellungsbranche.

Weiterhin wurde durch die Pandemie die Digitalisierung der Arbeitsprozesse vorangetrieben. Anträge auf ALG-Leistungen können inzwischen online eingereicht werden, und diese Methode wird von den SachbearbeiterInnen favorisiert, nicht zuletzt deshalb, weil dann der persönliche Kontakt entfällt, der in Zeiten der Pandemie einen zusätzlichen Risikofaktor darstellt.

Viele Eltern mit Migrationshintergrund sind jedoch nicht in der Lage, die Anträge zu bearbeiten und einzureichen, weil ihnen die dafür notwendigen sprachlichen und Internetkompetenzen fehlen, und verspäten sich bei der Verlängerung der Anträge. Das führt dazu, dass die Familien mehrere Monate auf die Leistungen warten müssen. In dieser Überbrückungsphase leben sie nur vom Kindergeld oder machen private Schulden.

Alltag und Wohnsituation

Wie bekannt, leben MigrantInnen meistens in kleinen Wohnungen in sozialen Quartieren mit sozialen Benachteiligungsstrukturen. Familien mit 5 Kindern und mehr wohnen dann beispielsweise in einer Dreizimmerwohnung mit wenig Rückzugsmöglichkeiten. Den Kindern fehlt dann ein Raum zum schulischen Lernen. In der Pandemie waren sie lange Zeit zu Hause, mit gelegentlichen Unterbrechungen, und lernten jeweils im Wechsel im Präsentunterricht und Distanzunterricht. Viele Kinder besitzen zu Hause keine technische Ausstattung für Homeschooling und lernen dann mit dem Smartphone.

Zwar hat der Bund für Kinder aus Migrantenfamilien mit hohem finanziellem Bedarf Fördergelder für den Erwerb technischer Geräte zur Verfügung gestellt, doch das Geld kommt oft nicht bei den bedürftigen Kindern an. Voraussetzung für den Erhalt der Fördergelder ist eine Bescheinigung der Schule, dass sie den Kindern keine Leihgräte zur Verfügung stellt. Für die Beantragung der Zuschüsse beim Jobcenter ist eine Schulbescheinigung erforderlich, doch diese wird von den Schulen nicht ausgestellt, weil sie mittlerweile Leihgeräte anbieten. Um die Leihgeräte zu erhalten, muss die betreffende Familie aber zwingend eine Haftpflichtversicherung nachweisen. Die Eltern lehnen dann die Leihgeräte oft ab, da sie nicht extra deswegen eine Haftpflichtversicherung abschließen wollen.

Unter diesen Umständen ist es für die Kinder dann entsprechend schwierig, produktiv zu lernen. Ihre Schulleistungen verschlechtern sich, weil sie nicht über die notwendigen Mittel für erfolgreiches Lernen verfügen. Dies hat Auswirkungen auf ihre späteren schulischen Ziele und Abschlüsse.

Außerdem bekommen sie keine Unterstützung beim Lernen. Die entsprechenden schulischen Angebote für Migranteninder sind weggefallen. Auf Grund der Pandemieauflagen wird zu Hause keine Nachhilfe mehr durchgeführt; die Nachhilfeinstitute haben ihre Angebote eingestellt. Die Kinder sind daher beim Lernen zu Hause meist auf sich gestellt. Ihre Eltern können ihnen beim Onlineunterricht oft nicht helfen, da ihnen die medialen Kompetenzen und die sprachlichen Kompetenzen fehlen.

Vielen Eltern fällt es schwer, die Lerneinheiten der Kinder zu organisieren und zu betreuen, da sie nicht über die dafür notwendigen Kompetenzen verfügen. Die Hausaufgaben und Lerneinheiten werden von manchen Kindern nicht regelmäßig abgegeben bzw. vollständig zu eng bearbeitet.

Schule und Bildung, Freizeit

Seit Frühjahr 2020 fand der Schulunterricht mit Unterbrechungen statt. Je nach Lage des Infektionsgeschehens wurden Schulen und Kitas zeitweise geschlossen. Kinder aus Familien mit Gefährdungspotenzial für das Kindeswohl und aus systemrelevanten Familien konnten die Notbetreuung in Anspruch nehmen. Auf viele Migrantenfamilien traf dies jedoch nicht zu. Deswegen waren die Kinder dieser Familien während der Lockdownperioden meist zu Hause. Auch Vereine und Freizeiteinrichtungen wurden auf Grund der Pandemiebekämpfungsstrategien geschlossen. Die Kinder mussten somit zu Hause von ihren Eltern betreut, versorgt und in der Freizeit beschäftigt werden.

Während die Kinder in der ersten Lockdownphase die Schulschließung als eine Möglichkeit der Erholung wahrnahmen und das Onlinelernen nicht ernstnahmen, lernten sie in der zweiten Lockdownperiode, ihren schulischen Alltag einigermaßen zu Hause zu organisieren. Der Onlineunterricht stellt für große Teilen der Migrantenfamilien immer noch ein Problem dar.

Da die Kinder in solchen Familien nicht regelmäßig und qualitativ gut lernen, entstehen bei ihnen erhebliche Lerndefizite, wodurch wiederum ihr Nachholbedarf stetig ansteigt. In bildungsfernen Familien herrschen keine günstige Lernbedingungen, so dass die Kinder dort nicht ungestört und ohne Behinderung lernen können. Den Eltern fällt die Organisation des Lernens und das Lerncoaching der Kinder sehr schwer und ist ihnen teilweise sogar unmöglich. Die fehlende Struktur des Familienalltags führt dazu, dass die Kinder ihre erworbenen Lernstrategien und Methoden zu Hause nicht kontinuierlich praktizieren können. Der ständige Besucherverkehr untereinander, die unregelmäßigen Schlafzeiten und ungeplanten Lernzeiten erschweren die gezielten Lernförderung der Kinder in diesen Familien.

Während des Lockdowns können die Kinder auch nicht ihren Hobbys nachgehen, da die Freizeitorte und z. B. die Sportbetriebe geschlossen sind. Viele Kinder aus Migrantenfamilien beschäftigen sich in ihrer Freizeit viel mit Hand- und Spielkonsolen oder sehen fern. Der Medienkonsum in Migrantenfamilien hat während der Pandemie stark zugenommen. Die Kinder neigen dazu, eine Sucht zu entwickeln.

Aus unserer Praxis sind uns Fälle bekannt, in denen Kinder kindeswohlgefährdende Spiele konsumieren und dann psychologische Probleme bekommen. Zudem entwickeln sie durch zu viel

Medienkonsum, eine ungesunde Ernährungsweise und Bewegungsmangel Übergewicht.

In Migrantenfamilien herrschen mehrfache Belastungsfaktoren, die die sozial-emotionale Entwicklung und damit die schulische Entwicklung der Kinder belasten und ihre Chancen auf eine erfolgreiche Bildungsperspektive verschlechtern. Die ungleichen, Strukturen im Bildungssystem, die gerade Migrantenkinder benachteiligen, werden durch die Pandemiefolgen zusätzlich verschärft und die Familien aus bildungsfernen Schichten besonders mit den Herausforderungen der Pandemie belastet.

Mein Arbeitsalltag in den Familien

Bei der Bekämpfung und Behebung der sozialen und familiären Problemlagen ist unsere Institution mittlerweile eine unverzichtbare Unterstützung und ein wichtiger Partner für die ASD-Mitarbeiter in der Jugendhilfe. In Fällen, in denen ein Migrationshintergrund eine Rolle spielt, wenden sich die KollegInnen an uns, wenn sie Hilfen zur Erziehung in der Familie installieren müssen oder möchten. Fehlende sprachliche und kulturelle Hintergründe der Familien machen es ihnen schwer, sie pädagogisch zu unterstützen.

Träger, die sich auf MigrantInnen spezialisiert haben, beauftragen uns oft mit der Betreuung der entsprechenden Familien. Wir sind konzeptionell auf die Problemlagen der Migrantenfamilien und die Herausforderungen der Interkulturalität ausgerichtet. Seit Beginn meiner Selbständigkeit, also seit 2009, betreuen wir Migrantenfamilien und deren Kinder im Auftrag der Jugendämter in OWL. Mittlerweile sind wir ein fester Bestandteil der Jugendhilfe in OWL geworden.

Besonders in der Pandemie ist die Zahl der Fälle stetig gestiegen. Familien, mit denen wir zu tun haben, sind mit vielfältigen Problemlagen konfrontiert, die sie und ihren Alltag in der Aufnahmegesellschaft belasten. Ohne die Unterstützung der Jugendhilfe können sie diese problematischen Situationen nicht selbständig bewältigen.

Die Ursachen ihrer Probleme sind mehrdimensional. Wir haben es mit Menschen zu tun, die ihre Heimat ungewollt verlassen mussten, sich von ihren sozialen Beziehungssystemen trennen mussten, von ihren kulturellen lebensalltäglichen Lebenssystemen entwurzelt sind und sich in ein neues und fremdes kulturelles und soziales System einfügen mussten. Auf ihrer Flucht haben viele von ihnen in den Lagern unschöne und traumatische Lebenserfahrungen gemacht, die sie heute in ihrem Integrationsprozess belasten.

In ihren Heimatländern haben sie in den kriegerischen Auseinandersetzungen selbst Angst und Traumata erlebt und oft sogar Angehörige verloren. Ihre Vergangenheit ist dadurch von Trauer und Schmerz überschattet. Die Familien und deren Verwandtschaft sind häufig über mehrere Länder und Städte verstreut, sodass sie unter den Folgen der Trennung und Familienzerrissenheit leiden. In der neuen Gesellschaft werden sie direkt mit den modernen Lebensanforderungen und kulturellen Lebensweltvorstellungen konfrontiert, sodass sie in einen Konflikt zwischen zwei und mehr kulturellen Systemen geraten. Mit allen Mitteln versuchen sie, an ihren heimatlichen kulturellen Werten und Traditionen festzuhalten. Die Tradierung ihrer heimatlichen Werte hat im Familienalltag in Deutschland höchste Priorität.

Die Erziehungsvorstellungen der Eltern sind von streng traditionellen und patriarchalischen Idealen geprägt, die sie zu konservativen Erziehungspraktiken verleiten. Ihre Angst vor assimilatorischen Maßnahmen gegenüber ihrer Kultur ist enorm. Anstatt sich zu öffnen und ihre Kinder auf ein interkulturelles Zusammenleben in einer kulturell vielfältigen Gesellschaft vorzubereiten, verteidigen sie ihre monokulturell orientierten Tradierungen und vermitteln diese auch ihren Kindern. Diese streng herkunftskulturelle Orientierung ihrer Erziehungspraxis führt zu Konflikten zwischen Eltern und Kindern.

Die Kinder wachsen mit mehreren Kulturen auf und in der Schule werden ihnen die Werte und Normen der Aufnahmegesellschaft vermittelt. In strengen, traditionsorientierten Familiensystemen werden sie jedoch gezwungen, ihre heimatlichen Werte beizubehalten und im Alltag auszuleben. In diesem Spannungsfeld entstehen dann Konflikte zwischen Eltern und Kindern, die manchmal für beiden Seiten tragische Folgen haben.

In den letzten Jahren flüchteten immer mehr Frauen mit ihren Kindern ins Frauenhaus, weil sie zu Hause körperliche oder psychische Gewalt durch den Mann erlebten oder unterdrückt wurden. Manchmal wurden die Kinder auch fremduntergebracht. Nach dem Verständnis der patriarchalisch orientierten Männer sind die Frau und die Kinder das Eigentum des Mannes, über das er bestimmen darf. In vielen Fällen erleben wir psychisch sehr belastete, in Angst lebende Mütter, die mit dem erzieherischen Alltag der Kinder überwiegend alleingelassen sind. Jahrelang waren sie ausschließlich mit dem Haushalt und der Erziehung der Kinder beschäftigt, so dass sie keine Möglichkeiten und Unterstützung bekamen, um eigenständig zu leben.

Manche Frauen mit Migrationshintergrund sind nicht in der Lage, allein mit Bus und Bahn zu fahren, und können deshalb die familiären Belange nicht regeln oder z. B. den Kinderarzt aufsuchen, weil sie dazu öffentliche Verkehrsmittel nutzen müssten.

Hinzu kommt, dass sie kein Wissen über das Verwaltungssystem und Behördenwesen haben und kaum Deutsch sprechen. Gerade unter Migrantinnen kommt Analphabetismus häufig vor, was für sie zusätzliche Schwierigkeiten und Barrieren mit sich bringt. Sie sind nicht in der Lage, ihre Behördengänge zu bewerkstelligen, und damit den Männern komplett ausgeliefert.

Wir werden in solchen Familien eingesetzt, um sie in der Erziehung der Kinder, aber auch bei den existenzsichernden Behördengängen zu unterstützen. In den seltensten Fällen beantragt die Familie eine SPFH-Maßnahme. Oft wird die Problematik von der Schule, der Kita oder einem anderen Dritten dem Jugendamt gemeldet. Die Hilfe wird dann in der jeweiligen Familie entweder als Zwangsmaßnahme oder als freiwillige Hilfsmaßnahme installiert, um das Kindeswohl sicherzustellen.

Die Ziele und Aufträge für die jeweilige Familie werden uns vom Jugendamt vorgegeben. Über uns können die Familien ihre Perspektiven und Lösungsansätzen in die Hilfeprozesse einbinden. Von Anfang an versuchen die Familien, ihre Sichtweisen und Einsichten über das Problem und die Maßnahme im gesamten Hilfeprozess zu vertreten. Wir sind stets bemüht, die Ziele und Aufträge der Auftraggeber zu erfüllen, gehen aber auch immer wieder auf die Vorschläge, Wünsche und Lösungsansätze der Familien als Partner ein.

Die kulturalistische Perspektive und der unreflektierte Umgang miteinander ist in Fällen mit Migrationshintergrund oft das größte Hindernis für eine erfolgreiche pädagogische Maßnahme. Durch unsere professionellen pädagogischen Kompetenzen und zugleich unsere herkunftssoziokulturellen Kompetenzen gelingt es uns, Vorurteile zu beseitigen und eine maßnahmenbezogene Zusammenarbeit zu erzielen, indem wir auf beiden Seiten Verständnis für das von uns erarbeitete Lösungskonzept gewinnen.

Der Alltag in Migrantenfamilien, aber auch der Alltag der Familienhelfer ist von komplexen Problemlagen und Belastungssituationen überschattet. Manche Familien benötigen eine enge und intensive Begleitung bei Behördengängen, um ihre Existenz sicherzustellen. Auf Grund fehlender Kenntnisse über das Behördensystem und das Rechtssystem finden sie in manchen Bereichen nicht zu ihren Rechten und müssen erst lernen, wie sie diese erlangen können. Oft sind sie auf die Hilfe der SPFH-Kräfte angewiesen.

In unserer Arbeit erleben wir immer wieder, dass Migrantenfamilien im Verwaltungswesen unfair und ungerecht behandelt werden. Fehlender Respekt und ein vorurteilbehafteter Umgang miteinander führen in manchen Fällen zu Konflikten zwischen beiden Seiten. In diesen Fällen fungieren wir als Vermittler und schaffen ein freundliches und respektvolles Verhältnis zwischen beiden Seiten.

In der Begegnung zwischen MigrantInnen und Beamten herrscht oft die Vorstellung und die Erwartung: Erst die Erfüllung eigener Pflichten und dann die Erlangung ihrer Rechte. In Flüchtlingsfamilien gibt es viele Menschen, die fluchttraumatische und andere tragische Lebenserfahrungen gemacht haben, die sie auch heute noch im Alltag belasten. Sie bleiben oft mit ihren Problemen allein, wenn keine Hilfen in den Familien installiert oder sie nicht an die Beratungsstellen angebunden sind.

Im Verlauf der Hilfe öffnen sie sich uns gegenüber und erzählen uns von ihren psychischen Problemen. Neben unserer Arbeit leisten wir auch psychischen Beistand, da es an muttersprachlichen Beratungsangeboten und psychotherapeutischen Angebot fehlt. Die Thematisierung dieser psychischen und traumatischen Ereignisse im Gespräch beeinflusst die Eltern in der Erziehung der Kinder und in ihrem Integrationsprozess.

Kommen diese Eltern ihrer Erziehungsverantwortung nicht nach, wird das Jugendamt eingeschaltet, wenn das Wohl des Kindes gefährdet ist. Bevor eine SPFH in diesen Familien eingesetzt werden konnte, werden die Kinder oft schon fremduntergebracht oder den Eltern wird das Sorgerecht entzogen. Eigentlich müsste zuerst die SPFH-Maßnahme installiert und die Familie pädagogisch und bei wichtigen Behördenbelangen unterstützt und begleitet werden.

Die ambulanten Hilfen zur Erziehung sollten daher in Zukunft mehr interkulturell ausgerichtet und auf die Bedarfe der Migrantenfamilien abgestimmt werden, um eine kindeswohlgefährdende und risikohafte Entwicklung der Kinder zu vermeiden und alle Gefahren zu verhindern, die auf die Kinder zukommen könnten.